君子与时代新人丛书

丛书主编 ◎ 钱念孙

何为君子

安鲁东 / 著

海峡出版发行集团 | 福建教育出版社

图书在版编目（CIP）数据

何为君子/安鲁东著．—福州：福建教育出版社，2019.7
（君子与时代新人丛书/钱念孙主编）
ISBN 978-7-5334-8375-3

Ⅰ．①何… Ⅱ．①安… Ⅲ．①中华文化—通俗读物 Ⅳ．①K203-49

中国版本图书馆 CIP 数据核字（2019）第 035973 号

君子与时代新人丛书
丛书主编　钱念孙
He Wei Junzi

何为君子
安鲁东　著

出版发行	福建教育出版社
	（福州市梦山路 27 号　邮编：350025　网址：www.fep.com.cn）
	编辑部电话：0591－83728245　83786912
	发行部电话：0591－83721876　87115073　010－62027445）
出 版 人	江金辉
印　　刷	福州泰岳印刷广告有限公司
	（福州市鼓楼区白龙路 5 号　邮编：350003）
开　　本	890 毫米×1240 毫米　1/32
印　　张	8
字　　数	179 千字
插　　页	1
版　　次	2019 年 7 月第 1 版　2019 年 7 月第 1 次印刷
书　　号	ISBN 978-7-5334-8375-3
定　　价	22.00 元

如发现本书印装质量问题，请向本社出版科（电话：0591－83726019）调换。

总　序

借古开今展新篇

钱念孙

　　君子是中华民族千锤百炼的人格基因，是数千年中国人推崇的正面人格形象。时代新人是党的十九大报告对培养什么样的人提出的要求，是新时代中国特色社会主义塑造人才的新目标。表面看，两者似乎相隔遥远、差距较大，实质上，两者基本精神和内在要求高度重合、颇为一致。

　　综合时下多种权威解释，"时代新人"主要涉及五条标准，即有理想、明大德、强本领、勇担当、重实干。其实，这五个方面要求，古代先哲谈论君子特点时早有涉猎，并且不是浅尝辄止，泛泛而谈，而是响鼓重槌，反复申论。"君子谋道不谋食"（《论语·卫灵公》）、"君子学以致其道"（《论语·子张》）、"君子之志于道也"（《孟子·尽心上》），这不是强调君子要有理想有抱负吗？"君子以厚德载物"（《周易·坤卦》）、"君子怀德"（《论语·里仁》）、"君子见善则迁，有过则改"（《周易·益·象辞》，这不是把明大德作为成就君子的必备条件吗？"君子博学于文"（《论语·雍也》）、"君子病无能焉，不病人之不己知也"（《论语·卫灵公》），这不是将本领和能力看作君子的基本素质吗？"君子忧道不忧贫"(《论语·卫灵公》)、"君子之守,修其身而天下平"(《孟子·尽心下》),这不是肯定君子要有担当精神和忧患意识吗?"君子以自强不息"(《周易·乾卦》)、"君子耻其言而过其行"(《论语·宪问》)、"君子欲讷于言而敏于行"(《论语·里仁》),这不是推崇君子要有奋发有为的实干精神吗?正因为古代先贤有关君子的论说与当代如何做人做事的观念完全可以融会贯通,近年来我对如何立足中华优秀传统文化培育和践行社会主义核心价值观作了一些思考,提出君子文化最能代表中华民族深层精神追求和独特精神标识,是传统文化中具有当代价值和世界意义的文化精髓,是我们培育和践行社会主义核心价值观能够直接嫁接并开花结果的老树新枝等观点,[①]试图在传统君子人格与时代新人培养之间架起互鉴互通的桥梁和纽带。

如此突出君子人格与时代新人的内在联系,自然涉及对人文思想领域继承与创新关系的理解。"周虽旧邦,其命维新",这句出自《诗经·大雅·文王》中的名句,多被解释为"周虽旧的邦国,其使命在革新"。作为"四书"之一的《大学》早就指出:此句与汤之《盘铭》"苟日新,日日新,又日新"、与《尚书·康

---

① 参见拙文《君子文化与社会主义核心价值观》,《光明日报》2014年6月13日,《新华文摘》2014年第19期;《君子:中华民族千锤百炼的人格基因》,《群言》2016年第2期,《博览群书》2016年第5期;《开垦君子文化沃土 收获精神文明硕果》,《光明日报》2016年4月11日;《君子文化在传统文化中的地位和影响》,《学术界》2017年第1期;《培育君子人格是传扬中华优秀传统文化的重要目标》,《中国艺术报》2017年3月13日;《君子文化的传统魅力与当代张力》,《光明日报》2018年4月3日;《君子文化浸润中国人的日常生活》,《光明日报》2018年11月20日,《学习活页文选》2018年第53期。

诰》"作新民"相联系。"苟日新，日日新，又日新"镂刻于商朝开国君主成汤的浴盆之上，意为每天沐浴洗澡去除污垢，才能保持洁净清新；引申意为每日以德净心和润身，才能保持思想、言行、人生的纯洁、健康和兴旺。"作新民"是指使人每日反省，悔过自新。因此，"周虽旧邦，其命维新"，并非说周朝脱胎换骨，革故鼎新，变成一个新的邦国，而是指"周朝虽为旧的国邦，命运却迎来每日之新气象"。宋代理学家程颐曾说："君子之学必日新，日新者日进也。"（《二程集·河南程氏遗书卷第二十五》）这里所说的"新"，并不是对原有学问的抛弃和否定，而是指在旧有学术基础上的不断进步，有所拓展和深化。纵观中国学术史，人文社会科学里谈论治国理政和思想道德的许多概念，虽然在不同时代有不同表述，并且每个时代常常更多声张自己与既往不同和相异的一面，但实质上，不同词汇和说法不仅意蕴一脉相承，而且内涵大同小异，并行不悖。

譬如，我们今天所说的"以人民为中心"执政理念，与古代"民惟邦本，本固邦宁"（《尚书·五子之歌》）、"民为贵，社稷次之，君为轻"（《孟子·尽心下》）等民本思想，不仅意脉相互贯通，精神也高度契合。其他如崇尚清廉为政、勤勉奉公，倡导严于修身、俭约自守等等，莫不如是。为什么唐太宗怀念魏徵时说"夫以铜为镜，可以正衣冠；以古为镜，可以知兴替；以人为镜，可以明得失"（《旧唐书·魏徵传》）？为什么在社会生活疾速推进的当下，我们仍强调继承弘扬中华优秀传统文化的重要性？其原因就在于：现代由古代延续而来，现代只是历史长河中的一瞬，而漫长的古代不仅在时间上是千百个既往现代的累积，并且在知识文化上拥有无数既往经验和智慧的积淀。人类社会发展，除自然科学及工程技术领域会产生彻底否定和颠覆既往理论及技术的状况外，人文社会科学领域许多反映社会和人生基本生存规律的理念及思想，往往并不会随着时代变迁或朝代更迭而失去意义，反而会随着时间推移和历史检验绽放更加夺目的光彩。人们之所以经常说鉴往知来、借古开今，就在于历史和传统中饱蕴着大量处理今天繁难事务的智慧和启示。

正因如此，福建教育出版社策划出版这套《君子与时代新人丛书》，可谓别具只眼，很有意义。人是社会实践的主体，是推动社会历史前行的动力，人的成长既被社会生活所塑造，又在社会进步中实现自身发展。这套书不是简单教条地阐述"时代新人"的内涵和意义，而是把"培养担当民族复兴大任的时代新人"的宏伟任务，放在数千年中华民族探索如何做人、做什么样人的历史中进行考察，放在中华民族历来推崇的可学可做并应学应做的理想人格，即君子人格形成与发展的过程中进行讨论，追本溯源，温故知新，探幽穷赜，钩深致远。丛书既有《君子名言》这样从历代浩瀚典籍中精选和解读前贤有关君子论述的箴言录，也有《君子故事》这样从漫长历史中搜集和展示君子感人事迹的掌故集；既有《何为君子》这样从理论上思考和探讨君子内涵及外延的学术札记，又有《从君子到时代新人》这样琢磨和寻觅中华民族集体人格塑造及培育路径的思辨随笔。拜读丛书书稿，虽通过编辑或直接向作者提过一些修改意见，但总体看，丛书几位作者均学有根底、写作态度认真、表达富有个性特色。《君子名言》的匠心选择和准确译评，《君子故事》的生动讲述和绝句开篇，《何为君子》的娓娓道来和条分缕析，《从君子到时代新人》的犀利文风和锐意己见，尤其是其通过培养君子公民造就时代新人的观点及分析，都让人留下深刻印象并深受教益。

因在倡导和开展君子文化研究及实践方面尽了一点绵薄之力，福建教育出版社孙汉生先生约我担任丛书主编并嘱序。这使我有机会较早接触到丛书的选题策划，先睹为快阅读了诸位学者的书稿，产生一些粗浅感想及看法。这里和盘托出，鱼目混珠，权充为序。

目 录

第一章　君子概念的形成、发展及内涵 …………… 1
第一节　君子之道的历史渊源 …………………… 1
第二节　孔夫子对君子之道的创新定义 ………… 5
第三节　君子意味着教养与高贵 ………………… 8
第四节　君子与小人 ……………………………… 12
第五节　小人的群类 ……………………………… 17
第六节　普通人与君子的差别 …………………… 21
第七节　君子与士 ………………………………… 24

第二章　君子的人格特征 …………………………… 29
第一节　仁——自重而爱人 ……………………… 29
第二节　义——宜于情，宜于理，宜于事 ……… 34
第三节　礼——天理的纹路 ……………………… 41
第四节　智——聪慧明达 ………………………… 47
第五节　诚与信——不自欺，不欺人 …………… 53
第六节　勇——知耻坚韧，敢为敢当 …………… 57
第七节　慎独——独处之时，亦谨慎不苟 ……… 65

第三章　君子修身 …… 69
第一节　君子避嫌疑 …… 69
第二节　和而不同 …… 73
第三节　小人无错，君子常过 …… 78
第四节　君子三畏 …… 82
第五节　君子自助 …… 87
第六节　己所不欲，勿施于人 …… 91
第七节　宽容 …… 96
第八节　君子以直报怨 …… 102

第四章　君子的为人处世之道 …… 110
第一节　君子对鬼神的态度 …… 110
第二节　君子对事业的态度 …… 116
第三节　君子对金钱的态度 …… 122
第四节　君子对学习的态度 …… 130
第五节　君子的为政之道 …… 136
第六节　君子的在野之道 …… 143
第七节　君子的持家之道 …… 149

第五章　君子的私人生活 …………………… 155
第一节　君子的娱乐 …………………………… 155
第二节　君子的爱情 …………………………… 159
第三节　君子的婚姻 …………………………… 166
第四节　兄弟相处之道 ………………………… 172
第五节　与父母的相处之道 …………………… 178
第六节　待师之道 ……………………………… 186
第七节　朋友相处之道 ………………………… 191

第六章　君子人格的隐喻 …………………… 199
第一节　坚韧高洁——松 ……………………… 199
第二节　虚心有节——竹 ……………………… 205
第三节　傲雪愈香——梅 ……………………… 211
第四节　不迎合世俗——菊 …………………… 218
第五节　花中的贵族——兰 …………………… 224
第六节　出淤泥不染——莲 …………………… 231
第七节　温润自好——玉 ……………………… 237

第一章　君子概念的形成、发展及内涵

第一节　君子之道的历史渊源

君子之道是我们传统文化的沃土中生出的特有的美丽花朵。它起源很早,早得几乎难以考证;但最迟在西周初年,也就是在距今约三千年前,它就散发出了迷人的芬芳。

这古老的芬芳,我们至今仍能嗅到。

它在神秘的卦辞之上——

> 君子终日乾乾,夕惕若,厉无咎。①
> 谦谦君子,用涉大川,吉。②

它在优美的诗句中间——

> 关关雎鸠,在河之洲。
> 窈窕淑女,君子好逑。③

---

① 《周易·乾卦第一》。大意:君子整天健强振作不已,直到夜间还时时警惕慎行,这样,即使面临危险也免遭咎害。

② 《周易·谦卦第十五》。大意:谦而又谦的君子,可以涉越大河巨流,吉祥。(说明:本书对于《周易》的翻译,参考了上海古籍出版社出版的黄寿祺、张善文著作《周易译注》)

③ 《诗经·周南·关雎》。大意:关关对鸣的雎鸠,栖息在河中的小洲。那美丽贤淑的姑娘,真是君子的好对象。

扬之水,白石皓皓。
素衣朱绣,从子于鹄。
既见君子,云何其忧?①

君子之道的起源,与夏、商、周三代的封建制度密切相关,或者可以说,它是封建制度的产物。这与中世纪产生于欧洲的骑士之道相类似。

封建制度等级森严,但总体上是把社会一分为二,上层是世袭的贵族阶层,下层是庶民阶层。

贵族阶层享有各种社会地位与物质上的特权,这些特权使他们贵且富。但他们同时也强烈地意识到,人不同于一般动物,人是重精神的,现实中的地位之贵与物质之富,支撑不起"贵族"这一称号的全部;贵族,更重要的是要体现精神的尊贵——具备高于一般庶民的知识、道德与责任担当。

贵族们为了区别自己在精神上与普通民众不同,自然需要一套共同的行为准则与信条,以显示自己对高尚品德的追求是多么与众不同。这些行为准则与信条的理想化标准,即可称为君子之道。

君,本意指尊而有位者,可理解为贵族中的一分子;子,本意指有道德、有学问的人。"君"与"子"连为一词,它早期的含义,是指贵族中的有教养者。

---

① 《诗经·唐风·扬之水》。大意:河水缓慢流淌,水底白石洁净透亮。我穿着白衫红领绣花衣裳,跟随你来到鹄城。既已见到我的情郎,心里还有什么忧伤?(说明:本诗有多种解释。此大意参考了王秀梅译注的中华书局版本)

当然，那时君子的指称，以身份地位为第一位，以道德学问为第二位。也就是说，只有出身于贵族的人，才可能被称为君子；出身于庶民者，即便有道德学问，也难获君子的称号。在现实中，有些贵族尽管猥琐，可人们为了保他面子，也常常含混地称之为君子。

出身于贵族的人，未必天生具有高贵的精神。家庭出身，只能给一个人贵族的身份，唯有教育，才能给予一个人高贵的精神。

塞万提斯在他的著作《堂吉诃德》中说："血统是从上代传袭的，美德是自己培养的；美德有本身的价值，血统只是借光。"

为了把贵族子弟培养成高尚的人、纯粹的人、有道德的人、脱离低级趣味的人，夏朝、商朝就已开办贵族学校；到周朝，这种教育已相当成熟。

周朝设大学与小学。贵族子弟一般八岁入小学，学习进退应酬之法，以及礼仪、音乐、射箭、驾车、书法、算术等知识与技能。到十五岁左右，升入大学，进一步学习诗书礼乐等知识，以及修己治人之道，以为将来参与政治事务打基础。

只有学，才能成人，才可能担得起君子的称号。这在当时的贵族中间，几乎成为共识。

晋国的范献子出使鲁国，问及具山和敖山，鲁人以那两座山所在的乡之名应答。献子奇怪，问："难道不能直接言说具山和敖山吗？"

鲁人解释说："那是我们先君献公、武公的名讳。"（鲁献公名为姬具，鲁武公名为姬敖）

范献子回国后，告诫他的家人朋友，说："人不可以不学习。

我到鲁国去，犯了人家两位先君的讳，惹人家笑话，都是因为我不学习呀。人需要有学问，就像树木需要有枝叶。树木有枝叶，起码可以给人遮阴，何况君子有学问呢？"①

那时的诗人，曾用生动的诗句，满怀热情地赞美卫国贵族子弟的为学状态：

> 瞻望那淇水转弯处，（瞻彼淇奥）
> 翠绿的竹林多茂密。（绿竹猗猗）
> 有斯文君子在学习，（有匪君子）
> 他时而与师友切磋，（如切如磋）
> 他时而独沉思琢磨。（如琢如磨）
> 他有时候认真严肃，（瑟兮僩兮）
> 他有时候紧张活泼。（赫兮咺兮）
> 这个斯文的君子啊，（有匪君子）
> 见了就让人难忘记。（终不可谖兮）②

君子之学，一般从学习知识开始，但目标却并不在于掌握多少知识，知识不过是一个人学养的原料。

斯多巴乌斯说："缺了理解力，知识有何用？"

按照传统的观点，君子之学的第一要务，是改变人的心灵，使之趋向完美；第二要务，是培养其判断力，使之能够透彻理解事物的本质，通情达理，知是非曲直；第三要务，是能灵活运用

---

① 《国语·晋语九》。
② 《诗经·卫风·淇奥》。

自己所掌握的知识，应付各种世事，或者精通某种技艺，将之应用于实际的工作与生活中。

总之，教人读书学习，不是为了把人培养成书呆子。

西哲柏拉图曾设想这样培养国王的继承人：太子一出生，不是交给妇女抚养，而是交给国王身边德高望重的亲信，让其教太子骑马射箭，锻炼体魄。等到十四岁时，国王要以最贤达、最正义、最节俭、最勇敢为标准，从国内给太子挑选四名老师，负责太子的教育。

这四人中的第一个人，负责教他哲学；第二个人，负责教他做人真诚；第三个人，负责教他清心寡欲；第四个人，负责培育他大无畏的勇敢精神。

柏拉图培养太子的设想，在古代中国基本等于培养士君子的标准。

第二节　孔夫子对君子之道的创新定义

历史文化传统，主要分为三部分：一是道统，二是学统，三是政统。其中道统为核心，它代表的是从自然法则中派生出来的信仰与价值。只要天不变，道统就不应当变。学统传承道统，但它会围绕着道统，根据时代的发展变化，不断有所变易。政统也一样，它也可以根据时势，有所损益，守本开新。

宋朝的唐子西，曾在蜀道馆舍的墙壁上，见到一联没有署名的诗：

天不生仲尼，万古如长夜。

中国古老的历史文化传统,高明而中庸,广大而精微,它虽圣圣相传,渊源有自,但只有到了孔子那里,才被阐发得淋漓尽致,容易为一般人所理解。孔子虽自称"述而不作",但实际上,他还是做了许多开创性的工作。

可以说,孔子的出现,犹如一盏明灯,照亮了漫漫长夜,让中国古老的文明绽放出了绚丽的异彩。

君子之道,正是在孔子那里,被赋予了新意。

传统上的君子之道,强调血统出身;而到孔子的时代,血统出身已不重要。那时礼崩乐坏,传统的封建社会出现了解体的征兆,贵族与平民的界限模糊起来。孔子办私学,广收弟子,他不问阶级身份,曾自言:"凡是自己送上十条以上干肉作为拜师礼的,我没有不教诲的。"①

因此,在孔子那里,君子的含义发生了颠倒——道德学问成了第一位,身份地位降到了第二位。

有一次,鲁哀公与孔子聊天,谈到了礼,孔子讥刺说:"现在所谓的君子贪婪爱财而不知满足,放纵自己的行为而不感到厌倦,放荡懒散而又态度傲慢,搜刮人民的资财而不遗余力。"②

在孔子的心目中,只有具备道德学问者,才可以被称为君子;而有些名分上的君子,行劣德薄,实际上根本不配君子的称号。

那么,识别君子有什么标准吗?

鲁哀公想选拔人才,以备国之用,向孔子求教。孔子纯粹从

---

① 《论语·述而篇第七》。原文:自行束脩以上,吾未尝无诲焉。
② 《孔子家语·问礼第六》。原文:公曰:"今之君子胡莫之行也?"孔子对曰:"今之君子,好利无厌,淫行不倦,荒怠慢游,固民是尽。"

道德学问的角度,把人分为庸人、士人、君子、贤人、圣人五类。

他给君子下的定义是:

> 言必忠信,即便因为忠信而吃了亏,心中也不怨悔。仁义在身,即便无人知晓,也从不自我夸耀。考虑问题明智通达,说起话来却委婉而有分寸。笃行道义,坚持理想,自强不息。样子安闲从容,好像很好超越;但境界实际很高,并不容易达到。这样的人,才可称为君子。①

孔子给君子定的标准,虽然相当高,高得像那巍峨的东岳泰山,可普通人只要愿意努力攀登,还是完全有希望攀上玉皇顶、瞻鲁台的。

而圣贤的境界就像高耸入云的珠穆朗玛峰,上面的风光虽然冠绝,可只有少数天赋条件极好的人,才有可能攀登上去。普通人只能高山仰止、景行行止,虽心向往之,却难以至。

孔子感叹说:"圣人,我是不能见到了,能见到君子就行了。"②

人要从动物状态、从野蛮状态、从庸俗状态中超拔出来,发扬人的神性,就需要树立道德的目标。道德的目标,不能只有低的,过低的目标不能体现人性的伟大;也不能只有高的,过高的

---

① 《孔子家语·五仪解第七》。原文:孔子曰:"所谓君子者,言必忠信而心不怨,仁义在身而色无伐,思虑通明而辞不专,笃行信道,自强不息,油然若将可越而终不可及者。此则君子也。"

② 《论语·述而篇第七》。原文:圣人,吾不得而见之矣;得见君子者,斯可矣。

目标，让人不能企及，容易沮人心志。

　　孔夫子制定的道德目标，有高有低；而君子，基本处于中间状态，它既不难达到，也不易达到。总而言之，君子可以培养出来，但也不是谁都可以随便翘翘脚就能轻易成就的。

　　君子的美德远高于一般民众之上。君子对于社会，就像梁柱对于房屋。英人塞缪尔·斯迈尔斯说："有品格的人不仅仅是社会的良心，而且在任何一个好的国度里，他们都是社会的动力和民族的脊梁。"

第三节　君子意味着教养与高贵

　　每个人的心都是一片肥沃的田地，有的人任它荒草丛生，有的人在上面播种荆棘与蒺藜，而孔子教导我们在上面种植稻稷与玫瑰。

　　孔子孜孜不倦地教人学习，千言万语，无非在人的心田里播种粮食与花，教人做君子。

　　有些人资质优良，天性便具有君子之气，他们几乎不需要教，便可天然为君子；而大部分人，资质平凡，不教就不能成人，更遑论成为君子。《礼记·学记》云：

　　　　君子如果想要教化民众，形成良好的风俗，大概必须从兴教办学着手吧。玉不雕琢，不能成为器物；人不学习，不懂得道理。因此古代做君王的人，建立国家，治理民众，都把兴教办学放在首位。①

孔子之前，政府办学施教主要是为了培养贵族子弟的优雅高贵气质；而孔子办私学，承接古代圣王之续，对全民开放，则是要不分血统门第，广泛地培养君子。

孔子施教选用的教材，与古人无异，都是诗、书、史及六艺等。但是，他对古人的教材进行了整理，并加上自己的解释与意见。

例如，他感到《诗经》旧的教材芜杂，便从三千余首古诗中，重新拣选出三百零五篇，分门别类编成精华选本。孔子选诗，除了重其意味之美、言辞之美，还皆弦而歌之，以求它们的韵律之美。

《周易》本为王官秘学，西周早期，一般诸侯都见不到。孔子晚年读到《周易》，爱不释手，但又虑其深涩，嫌其玄秘，所以为之作传，明其义理，以别卜筮。

《春秋》本是鲁国的国史，孔子要强化其教化功能，便对之笔削，寓褒贬于其中，以为后世立则。

君子之风，自此也便蕴含在"六经"及诸艺当中。

学《诗》，可以使人言辞斯文，内心谐美；学《书》，可以使人博古达今，处世明智；学《礼》，可以使人举止优雅，尊己敬人；学《易》，可以使人思通天地，敬畏灿烂的星空与永恒的自然律；学《乐》，可以使人风采气度超俗，和悦情志；学《春

---

① 《礼记·学记》。原文：君子如欲化民成俗，其必由学乎！玉不琢，不成器；人不学，不知道。是故古之王者，建国君民，教学为先。

秋》，可以使人明是非，辨善恶，油然而生浩然之气。

学习御车、射箭，要求君子在不废尚武精神与掌握精湛的军事技术的同时，化戾去暴，修养武德。

学习书之艺，不仅为了掌握写字的技巧，还为了端正身心，祛除浮躁。《弟子规》云："墨磨偏，心不端；字不敬，心先病。"

学习数之艺，既是为了让人掌握运算的技巧，也是为了培养人谨慎细密的性格，以及逻辑推理的能力。

教育的第一要务，是要把人性中固有的高贵教养出来，让人性放出伟大的光辉。孔子说："天地之间的万物生灵，只有人最为尊贵。"[①] 可是这种尊贵，不教养难出。人无教养，常常与禽兽无异。

明儒陈白沙作《禽兽说》，云：

>人具七尺之躯，除了此心此理，便无可贵，浑是一包浓血裹一大块骨头。饥能食，渴能饮，能着衣服，能行淫欲。贫贱而思富贵，富贵而贪权势，忿而争，忧而悲，穷则滥，乐则淫。凡百所为，一信气血，老死而后已，则命之曰"禽兽"可也。

近人熊十力先生读到此文，怵然感通，"顿悟血气之躯非我也，只此心此理，方是真我"。

求此心此理，是学；求得此心此理，是德。

孟子说："有人鸡狗丢了，忙着去找回；可自己的心走失了，

[①] 《孝经·圣治章第九》。原文：子曰："天地之性，人为贵。"

却不晓得去寻找。学问的道理没有别的,就是找回那颗光辉的心罢了。"①

庸人敬仰地位高的人,敬仰出身显赫的人,敬仰财富多的人,称他们为贵者;但这种敬仰,多半是实用的、表面的,或是打着折扣的。这世间真正值得人们发自内心敬仰的,不是官位,不是门第,也不是财富,而是美德与学识。

人们对德高学深的君子,虽表面未必尊重,但在内心深处,却常怀诚挚的敬佩。冯梦龙在《醒世恒言·白玉娘忍苦成夫》中说:"从古以来,富贵空花,荣华泡影,只有那忠臣孝子,义夫节妇,名传万古。随你负担小人,闻之起敬。"

况且,君子自贵,如同兰花,不会因为生在人迹罕至的深谷而不芳。荀子说:

> 君子能够做到因品德高尚而被人尊重,但不能强迫别人尊重自己;能够做到因忠诚老实而被人信任,但不能强迫别人信任自己;能够做到因多才多艺而被人任用,但不能强迫别人任用自己。所以,君子会以自己的品德不好为羞耻,不以被人污辱为耻;以不讲信用为羞耻,不以不被信任为耻;以没有才能为羞耻,不以不被任用为耻。②

---

① 《孟子·告子上》。原文:人有鸡犬放,则知求之;有放心,而不知求。学问之道无他,求其放心而已矣。

② 《荀子·非十二子》。原文:君子能为可贵,不能使人必贵己;能为可信,不能使人必信己;能为可用,不能使人必用己。故君子耻不修,不耻见污;耻不信,不耻不见信;耻不能,不耻不见用。

有人说："一部《论语》，既可读出谦谦君子，亦可读出秦桧、严嵩之类的低劣恶人。可见孔子的话，对教人高贵并没有必然的益处。"

此话似是而非。同是人，类不齐，孔子以善言教人成君子，因材施教，大以成大，小以成小，虽主观上不欲弃人，但现实中，却不可能把所有人都变为君子，或让所有人都变好。

世上的人如果不经过圣人教化，小人在人群中所占的比例可能会较大，而君子所占的比例可能会较小。如果接受了圣人的教化，那么小人在人群中所占的比例可能会缩小，而君子所占的比例可能会相应增大，这便是了不起的圣功。圣人的教诲，只是尽其可能让更多的人成为君子，并不能保证让世人百分之百变为君子。宋代诗人释云岫有偈云：

海水缩，天风寒。
一阳破坤，六阴生乾。
君子之道日长，小人之道日消。[①]

第四节　君子与小人

阳光布德泽，万木生光辉，也会生阴影。

世间之事与物，有阳必有阴，有美必有丑，长和短总是相依存，高和低总是相伴衬。人群中既然分出了君子，那也必然会有

---

① 《偈颂二十三首（其一）》。

小人。老子说:"天下人皆知美好的事物美,那是由于有丑陋的东西存在;都知道善之珍贵,那是因为有恶存在。"①

粗俗,是文雅的反义词;卑鄙,是高尚的反义词;小人,是君子的反义词。

与君子一词相对应,小人一词也古有两义,一是指地位低下的人,二是指人格鄙劣的人。

"元圣"周公说:"啊!君子做官不应该贪图安逸。(你)首先应该知道农业劳动的艰难,只有这样,即使处在安逸的环境里,也能理解农人的苦处。"②

周公这里所说的君子,指有地位者;所说的小人,指一般无知无位的民众。

大禹在一次战前动员时,谴责对手三苗说:"三苗跃跃欲试打算叛乱,昏暗迷惑不恭敬,傲慢无礼狂妄自大,违反正道,败坏德行,遗弃贤能君子,重用奸佞小人。"③

大禹这里所说的君子,指贤德之人;所说的小人,指人格粗陋卑劣之人。

宋儒邵雍喜爱以理入诗,他从品格方面谈论君子与小人,说:

---

① 《老子·第二章》。原文:天下皆知美之为美,斯恶已;皆知善之为善,斯不善已。

② 《尚书·无逸》。原文:周公曰:"呜呼!君子所,其无逸。先知稼穑之艰难,乃逸,则知小人之依。"

③ 《尚书·大禹谟》。原文:蠢兹有苗,昏迷不恭,侮慢自贤,反道败德,君子在野,小人在位。

> 君子与义，小人与利。与义日兴，与利日废。
> 君子尚德，小人尚力。尚德树恩，尚力树敌。
> 君子作福，小人作威。作福福至，作威祸随。
> 君子乐善，小人乐恶。乐恶恶至，乐善善归。
> 君子好誉，小人好毁。好毁人怒，好誉人喜。
> 君子思兴，小人思坏。思兴召祥，思坏召怪。
> 君子好与，小人好求。好与多喜，好求多忧。
> 君子好生，小人好杀。好生道行，好杀道绝。①

　　道德品质意义上的小人，总是令人讨厌，他们心地险恶，反复无常，为追求个人私利，满足个人私欲，不择手段，不讲规则，嫉贤妒能，搬弄是非，欺下瞒上。

　　孟郊写诗论交友，说：

> 种树须择地，恶土变木根。
> 结交若失人，中道生谤言。
> 君子芳桂性，春荣冬更繁。
> 小人槿花心，朝在夕不存。
> 莫蹴冬冰坚，中有潜浪翻。
> 唯当金石交，可以贤达论。②

　　刘元诚告诫弟子，云：

---

① 邵雍《君子吟》。
② 孟郊《审交》。

宁可终岁不读书，不可一日近小人。①

李毓秀在《弟子规》中更是直接说："小人进，百事坏。"

君子有私利，但不废公益——宜于取私利时，取私利；宜于行公益时，行公益；当私利与公益相冲突时，重公轻私，先公后私。

小人重私利，没有公益之心，为谋私利而不择手段。

建兴五年（227年），诸葛孔明出师北伐魏国，离开成都之前，他诚恳规劝后主刘禅说："亲贤臣，远小人，此先汉所以兴隆也；亲小人，远贤臣，此后汉所以倾颓也。先帝在时，每与臣论此事，未尝不叹息痛恨于桓、灵也。"②

东哲与西哲，皆识此理。

英人培根说："如果听任人们把一切事物都按照一己私利的需要加以扭曲，其结果必然会危害国家和君王。因此，君王在选择官员时绝不能挑这种人，尤其不能让这种人独揽大权。一旦让这种自私的家伙得势，他们就可能为一己之私利而牺牲与公益有关的一切，成为最无耻的贪官污吏。他们的不公正，就好像在打保龄球时首先将铅灌注其中而使之偏离球道一样。他们所谋及的不过是一身一家的幸福，所损害的却总是君王和国家。俗话有云：'烧掉大家的房子来煮自己的一个鸡蛋。'而这正是一切谋逐私利者的本性。"③

---

① 陈宏谋辑录《养正遗规》。
② 诸葛亮《前出师表》。
③ 〔英〕弗兰西斯·培根《培根人生论》，何新译，湖南文艺出版社，2012年7月第1版，第81、82页。

可是"卑鄙是卑鄙者的通行证，高尚是高尚者的墓志铭"，小人正是因为不知廉耻，没有操守，为谋求私利、满足私欲，可以没有底线地投机钻营、献媚邀宠、巧取豪夺，所以他们往往更容易在权力与金钱方面占到便宜，取得所谓的成功。

只是小人们取得的那种成功，往往是用沙子建的塔，是用冰雪砌的城，看似坚固，却经不起风浪的冲刷，受不得阳光的照射。

小人不管如何精于算计，总不可能算计过天意，命运之神常戏弄那些处处损人谋私的小人，诚如曹雪芹评王熙凤，"机关算尽太聪明，反误了卿卿性命"。

君子看似守拙，拙中却有大巧，从长远处看，不一定尽吃亏。俗语说：愚拙之人，自有愚拙之福。

宋人姜特立诗云：

> 君子儿短拙，动或福随之。
> 小人最狡狯，往往触祸机。
> 巧者极人力，拙者无所为。
> 巧拙不必问，天道自平夷。①

《伊索寓言》中有一个普罗米修斯造人的故事，大意是：宙斯感到天地间太寂寞，下令普罗米修斯造些人与动物，让他们相互追逐吞食。但过了一段时间，宙斯感到动物太多、太吵，又命令普罗米修斯把一些动物改成人。普罗米修斯遵命，把一些动物

---

① 姜特立《祸福》。

改成了人。但这些从动物变过来的人，兽性没有完全根除，因此这世界上便多了一些人面兽心的邪恶小人。

但总体而言，人世间还是邪不压正。

第五节　小人的群类

小人是现实生活中的真实存在，可没有人愿意承认自己是小人。鲁迅先生喜欢嘲讽正人君子，常"写些为'正人君子'之流所深恶痛疾的文字"，[①] 但他的真意并非标榜自己是小人。相反，他笔下的"正人君子"是反语，是伪的。

他在《小杂感》中说："自称盗贼的无须防，得其反倒是好人；自称正人君子的必须防，得其反则是盗贼。"

实际上，盗贼也不愿被称为小人。

一个人可以接受坏人称号，却往往不愿接受小人的标签。坏人的界定，首先是政治与法律意义上的，其次才是道德上的。一个人政治上站错了队，会被认定为坏分子；一个人做了违法乱纪的事，会被称为坏蛋；一个人违反了公共道德，会被界定为坏人。

政治上的坏分子，私德不一定差，有些人甚至很令人敬佩。

违法乱纪者，虽然杀人越货，但在他们的小团伙内部，却是讲道德的。在监狱中，最受犯人们鄙视的是虐待父母者与强奸犯；而在土匪窝中，宵小之辈同样不受欢迎。

盗跖是东周时期一个凶恶的土匪首领，有一次其部属问他：

[①] 鲁迅《藤野先生》。

"做强盗也讲道德吗?"

盗跖回答:

"干什么能不讲道德呢?一个做强盗的人,能凭空推测出屋里储藏的财物,这叫圣明;率先进去,这叫勇敢;最后退出,这叫义气;根据形势作决断,这叫智慧;事后分赃公平,这叫仁爱。不具备这五条而能成为大盗的,天下没有这样的人。"①

违反社会公德者,有两种情况。

一种为,虽然是个小痞子、小混混、小骗子,但于他所处的坏人小圈子内,或者在他的熟人圈子内,却讲义气,口碑不错。

还有一种是,既违背公德,也毫无私德,即便在自己的小圈子内,也没有信义,让同伙鄙视,视之为小人。

坏人圈子里的小人,是最为低贱的;庙堂之上的小人,是最为光鲜的。低贱的小人,让人讨厌,却为害有限;庙堂上的小人,光鲜煊赫,却为害甚巨。

小人的分布与智商无关,蠢人中有小人,聪明人中也有小人。蠢人中的小人,危害小;聪明人中的小人,危害大。

司马光说:

---

① 《庄子·外篇·胠箧》。原文:
跖之徒问于跖曰:"盗亦有道乎?"
跖曰:"何适而无有道耶?夫妄意室中之藏,圣也;入先,勇也;出后,义也;知可否,智也;分均,仁也。五者不备而能成大盗者,天下未之有也。"

挑选人才时，如果找不到圣人与君子，那么与其得到聪明的小人，不如得到愚人。原因何在？因为君子有才干，能把才干用到善事上；而小人有才干，能用才干作恶。用才干做善事，能处处行善；而凭借才干作恶，就无恶不作了。愚人尽管想作恶，但因缺智慧，乏气力，好像小狗扑人，人能制服它；而聪明的小人，既有足够的诡计助长邪恶，又有足够的力量逞凶施暴，就如恶虎生翼，他的危害岂不更大！[1]

倘若从素质的角度分，小人可分为四个层级。

最低的一类是流氓型的。这类小人吃相难看，没脸没皮，为满足私欲，放刁撒泼、发赖扯谎、公然诬陷，一切下流手段，无所不用。

第二类是狗似的小人。这类人除了金钱、权势、私嗜之外，对其他一切都麻木不仁。他们对上摇尾谄媚，对下装腔作势，凶狠险毒。

弥子瑕是卫灵公的宠臣，有一天卫灵公发怒，用鞭子抽他，把他赶出宫。弥子瑕害怕，三天没敢上朝。卫灵公反悔，问祝鮀（子鱼）说："子瑕会怨恨我么？"祝鮀回答："不会。"灵公说："为什么不会？"祝鮀道："君主您没见过狗吗？狗倚仗着主人得食。主人发怒打它，它便嗥叫着逃去。等它想吃东西时，又会胆

---

[1] 司马光《资治通鉴·周纪一》。原文：凡取人之术，苟不得圣人、君子而与之，与其得小人，不若得愚人。何则？君子挟才以为善，小人挟才以为恶。挟才以为善者，善无不至矣；挟才以为恶者，恶亦无不至矣。愚者虽欲为不善，智不能周，力不能胜，譬如乳狗搏人，人得而制之。小人智足以遂其奸，勇足以决其暴，是虎而翼者也，其为害岂不多哉！

怯地跑回来，忘记先前被打的事。如今子瑕便是您养的狗，他指望着您的喂养，一日得不到您的赏识，则一日挨饿，他怎么敢怨恨您呢？"①

第三类是装君子的小人，也就是所谓的"伪君子"。《大学》中说这类人："小人闲居为不善，无所不至，见君子而后厌然，掩其不善而著其善。"意思是，小人在独自一人时做不好的事情，无所不为，遇见君子就躲躲藏藏，把坏处掩盖起来而标榜自己的好处。

伪君子是否还不如真小人呢？这要看站在什么角度讲。真小人一眼就能看得出来，易防易避；而伪君子道貌岸然，嘴上抹蜜，背后却做局设套、使绊子、捅刀子、落井下石，让人防不胜防。因此，从可怕的角度讲，真小人不如伪君子。然而从另一个角度看，装君子的小人，毕竟还知是非、明廉耻。也就是说，伪君子还知道要脸面，他们在暗地里为非作歹，但在公开的场合，并不敢胡作非为。而赤裸裸的小人，不知廉耻，对他人的眼光、舆论的监督，根本不在意。

第四类，指我们普通人。以君子的标准衡量，我们普通人皆似小人；而以小人为标准进行衡量，我们普通人又常常觉得自己像个君子。

普通人的心灵有龌龊肮脏的一面，也有光明温馨的一面。我们有时候自私冷漠，嫉妒狭隘，精于算计；有时候又怜悯同情弱

---

① 刘基《郁离子·弥子瑕》。原文：卫灵公怒弥子瑕，抶出之。瑕惧，三日不敢入朝。公谓祝鮀曰："瑕也怼乎？"子鱼对曰："无之。"公曰："何谓无之？"子鱼曰："君不观夫狗乎？夫狗，依人以食者也。主人怒而抶之，嗥而逝；及其欲食也，葸葸然复来，忘其抶矣。今瑕，君狗也，仰于君以食者也，一朝不得于君，则一日之食旷焉，其何敢怼乎？"公曰："然哉。"

者，满怀正义，公而忘私。我们表现出阴暗肮脏的一面时，像是小人；表现出神性的一面时，便像是君子。

第六节　普通人与君子的差别

我们普通人的心中都有一条是非红线，对于周围发生的事，一般能够判断出是非曲直，并习惯以君子的姿态指指点点，或谴责、或非议、或点赞、或认可。所以，舆论场上，多见君子。

可是，假如事临自己之头，这条是非的红线往往会变得模糊，甚至湮没不见，以至于"皮袍下藏着的'小'"，会溜达出来，做一些小人之事。

为什么评论别人，或者劝诫别人时像个君子，而事临头却往往像个小人呢？这是因为评论别人像在岸上观水，心境比较清平；而事临头相当于落在了河中，扑腾挣扎，心境已浊乱。

嗜好、情欲、利害、爱憎，藏在人的心中，就像藏在伊甸园中的魔鬼撒旦，常常出来模糊人心中的是非线，让人在不自觉中混淆是非，或者无视是非。

君子平日谦谦，一旦有事临头，却能显出大勇，坚决与恶势力作斗争，坚守自己的道德底线；普通人平日为善，而事临头，则受不了诱惑，放弃底线。故孔夫子曰："岁寒，然后知松柏之后凋也。"[①] 说的就是君子的节操卓异于普通人。

宋代诗人张耒在一首题为《黄菊》的诗中说：

---

① 《论语·子罕篇第九》。

> 黄菊出荒岁，扬扬颜色好。
> 芙蓉不能霜，败裂不自保。
> 君子与小人，于此见其操。

一个人在现实生活及工作中，要坚守是非底线，并不是一件很容易的事。一方面，各种诱惑无处不在；另一方面，嗜好、色欲、利害、爱憎，人皆有之，即便圣贤君子，也并非没有。

古人认为，世间有四样东西最能乱人心性、惑人良知，它们分别是：酒、色、财、气。酒代表嗜好，色代表肉欲，财代表私利，气代表怒恨厌憎。

酒，能让人神志不清；色，能让人肉欲泛滥；财，能让人利欲熏心；气，能让人丧失理智。

小人放纵，沉溺于酒、色、财、气；普通人虽对酒、色、财、气保持警惕，却不能自守，常常为其所惑；君子重修身，时时自励，不惧酒、色、财、气。

有则小故事，寓意深长。

相传，苏轼有一次去东京大相国寺探望好友佛印和尚，恰巧佛印外出，住持和尚便请苏轼在禅房用餐休息。

苏轼见禅房的粉壁上有一首新题的诗。其诗云："酒色财气四堵墙，人人都在里边藏；谁能跳出圈外头，不活百岁寿也长。"

苏轼见这诗写得有些意思，便讨来笔墨，在诗的右侧题了一首和诗，题为《和佛印禅师诗》。其诗云："饮酒不醉是英豪，恋色不迷最为高；不义之财不可取，有气不生气自消。"

翌日，神宗皇帝在王安石的陪同下，来大相国寺游玩。神宗见了佛印与东坡的题诗，笑谓王安石："爱卿，何不和一首？"

王安石略一沉吟，挥笔在佛印题诗左侧，题《亦和佛印禅师诗》一首，云："无酒不成礼仪，无色路断人稀；无财民不奋发，无气国无生机。"

神宗大为赞赏，乘兴也和诗一首，云："酒助礼乐社稷康，色育生灵重纲常；财足粮丰家国盛，气凝太极定阴阳。"

佛印站在禅者的立场，认为情与欲是可怕的，人应该挣脱它们的束缚，远离它们。而苏轼、王安石、神宗皇帝则站在儒家的立场，认为情与欲是正常人性的一部分，没有情与欲的人生是不完整的，缺乏情与欲的社会是不正常的；对于情与欲，只需约束、引导，使其不奴役人，也就够了。

君子，是自己的主人，有着自由的灵魂。小人，是情欲的奴隶，在其操纵下无所不为。

普通人有时试图挣脱情欲的锁链，让自己获得自由；有时又禁不住情欲的诱惑，顺从于它，这就如同《伊索寓言》中的那只猫，虽变成了女人，温驯地坐在餐桌前，但当有老鼠出现时，便立即忍不住扑上去，原形毕露。

一个社会如果崇尚小人，那么普通人就容易受风气所诱，自甘堕落；一个社会如果崇尚君子，那么风气所及，普通人就会向着君子的方向努力，甚至连小人也会受感化而惭然自新。张九成写诗论此道理说：

> 君子何尝去小人，小人如草去还生。
> 但令鼓舞心归化，不必区区务力争。[1]

---

[1] 张九成《论语绝句一百首（其一）》。

第七节　君子与士

君子不等于士。

君子,主要从道德方面论,而士不是主要从道德方面论。

士的概念至少包含三个方面的含义:一是责任担当,二是做事能力,三是道德品质。评论士的标准,首先是责任担当,其次是道德品质,最后是做事能力。当然,对士虽然道德品质的要求相对较低,但也只能低到普通人的程度,而非降到小人层次。小人,是不够士之资格的。

君子的概念,也包含责任担当、做事能力、道德品质三个方面,但在次序上,首先是道德品质,其次是责任担当,最后才是做事能力。

因此,从道德品质方面评论,士比君子低一个等级。但从责任担当、做事能力方面论,君子未必及士。

君子是士,但士不一定是君子——有些士,在道德方面,可能会不够君子的资格。

有一次,子贡问孔子说:"什么样的人才可以称为士?"

孔子从德、能、责任担当三方面论,说:"用羞耻之心约束自己的行为,出使他国能不辜负国君的任命,就可以叫作'士'了。"

子贡又道:"请问次一等的。"

孔子说:"宗族称赞他孝顺父母,乡里称赞他尊敬兄长。"

孝顺父母与尊敬兄弟(孝悌),相对弱化做事能力一项,而强调道德与责任担当。只是孝悌之责任担当，缩小到了家族的范围。故孔子称赞的第一种士，为国士，这第二种，只是普通的士。

子贡打破砂锅问到底，说："请问再次一等的。"

孔子答："说话一定守信，行动一定果决，这是固执而不会通权达变的小人啊！但也可以叫作再次一等的'士'了。"

这第三等的士，有责任担当，但才识不足；能守道德，却有所偏失。所以够不上君子的标准，只能说是普通人中的佼佼者。

子贡说："现在的执政者，您看怎么样呢？"

孔子答："唉！这班心胸狭窄的人，哪里算得上士呢？"①

士尽管不完美，却有操守、有底线，有超出世俗利益的追求。孟子论士与普通人的重要区别时说：

> 没有固定的产业收入却有一定的道德观念和行为准则的，只有士人才能做到。至于普通民众，如果没有固定的产业收入，便也没有一定的道德观念和行为准则。这样，就会胡作非为，违法乱纪而无所不为。②

---

① 《论语·子路篇第十三》。原文：
子贡问曰："何如斯可谓之士矣？"子曰："行己有耻，使于四方，不辱君命，可谓士矣。"
曰："敢问其次。"曰："宗族称孝焉，乡党称弟焉。"
曰："敢问其次。"曰："言必信，行必果，硁硁然小人哉！抑亦可以为次矣。"
曰："今之从政者何如？"子曰："噫！斗筲之人，何足算也？"
② 《孟子·梁惠王上》。原文：无恒产而有恒心者，惟士为能。若民，则无恒产，因无恒心。苟无恒心，放辟邪侈，无不为已。

士，讲节义，重名誉。他们认为，天地之间虽然人最贵，可人的躯体不过是尘土的组合，尽管不可随意损伤，但与永恒的天道与不朽的灵魂相比，却微不足道。况且，人固有一死，生命如白驹过隙，躯体早晚要消灭。如果在苟且偷活几年与立即为义而死之间做出选择，就不如选择为义而死。

孔子说："有志之士和仁德之人，不会因苟且偷生来损害仁德，只会勇于献身来成全仁德。"①

李太白吟赞古代的义士："身为侠客，纵死侠骨也留香，不愧为一世英豪。"②

蒙田说：

> 生命的价值不在于岁月的长短，而在于如何度过。有的人寿命很长，但内容很少；当你活着的时候，要提防这一点。你活得是否有意义，这取决于你的意愿，不是岁数的多少。③

我国历史上有无数义士、节士的事迹，下面我们就见识其中的一位。

豫让先生是晋国卿大夫智伯的一名家臣，深得智伯尊宠。公元前453年，赵、韩、魏三家共灭智氏，瓜分其领地。赵襄子最

---

① 《论语·卫灵公篇第十五》。原文：志士仁人，无求生以害仁，有杀身以成仁。
② 李白《侠客行》。原文：纵死侠骨香，不惭世上英。
③ 〔法〕蒙田《蒙田随笔集》，马振骋译，上海译文出版社，2014年3月第1版，第27页。

恨智伯，把他的头盖骨漆成饮具。

豫让逃到山中，闻知后感叹道："嗟乎！士为知己者死，女为悦己者容。智伯知我用我，我必为他报仇，以生命答谢他的知遇之恩，才可使我的魂魄不愧！"

他更名改姓，伪装成刑徒，身藏匕首，进入赵襄子宫中修整厕所，伺机行刺。赵襄子去厕所，察觉有异，拘拿住豫让。豫让毫无惧色，坦白说："我欲为智伯报仇！"赵襄子敬他是个义人，释放了他。

过了一段时间，豫让为接近赵襄子，以漆涂身，吞炭为哑，毁容变音，而行乞于市。他的妻子遇见，没有认出来。他的朋友认出了他，悯之落泪，说："以先生之才，假若委身去侍奉襄子，襄子一定会亲近你，甚至宠信你，到时你趁机行刺，岂不容易！何苦要摧残身体，丑化形象？况且，用这种方法去找襄子复仇，不是太难了吗？"

豫让说："既效忠侍奉人家，又要杀人家，这与心怀二心侍奉君主，有什么区别？我知道我要杀他极难，但我要用这种方式，让后世那些心怀二心的人臣羞惭！"

有一天，赵襄子外出，经过一座桥时，马受惊。警惕的赵襄子立即令人搜查，抓到了伏于桥下的豫让。

赵襄子责备他说："先生不曾侍奉过范氏、中行氏吗？智伯把他们灭了，而你不替他们报仇，反而托身为智伯的家臣。如今智伯已死了，你为何独为他固执复仇呢？"

豫让回答说："我侍奉范氏、中行氏，他们皆以普通人待我，故我以普通人的方式回报他们。至于智伯，他把我当作国士看待，所以我就像国士那样报答他。"

赵襄子喟然叹息，流着泪说："哎呀！豫让先生！你为智伯报仇，已算成名了，我也宽赦了你，这就足够了。先生该为自己做个打算，我这次不能再放过你了！"

豫让知道赵襄子让自己做出抉择，要么从此放弃复仇，要么被拘押或处死。他略一沉吟，说道："今日之事，我该伏法受诛，但我希望能得到您的衣服，刺它几下，姑且遂我报仇之意，那么我死了就没有遗恨了。"

赵襄子感于他的侠义，让人持着自己的衣裳给豫让。豫让拔剑跃起，在衣裳上猛刺了几个洞，说："我可以到九泉之下去报答智伯了！"言毕，伏剑自杀。

士的精神，突出的是一种大丈夫气概。宋人谢枋得说：

> 大丈夫行事，论是非不论利害，论逆顺不论成败，论万世不论一生。①

文天祥在他的《言志》诗中，吟叹说：

> 仁人志士所植立，横绝地维屹天柱。
> 以身殉道不苟生，道在光明照千古。②

---

① 谢枋得《与李养吾书》。
② 文天祥《言志》。大意：仁人志士所要建立的，是顶天立地的事业。牺牲生命以保全道义，道将千古永存。

第二章　君子的人格特征

第一节　仁——自重而爱人

仁，是君子的底色。

孔子说："仁者，爱人。"仁，字义上从人从二，意为把自己当人看，亦把他人当人待。仁者不仅爱人，还爱己，爱天地万物。

仁，是大爱。但这种大爱，不同于基督教的博爱，不同于墨家的兼爱，也有别于佛家的慈悲之爱。

博爱、兼爱是一种无差别的爱；而仁爱有差别、有等级。仁爱，从爱己开始，推己而及人。不爱己者，不可能爱人；不自重者，不可能敬人。王安石说："爱己者，仁之端也，可推己以爱人也。"[1]

楚国名臣孙叔敖年少时，在野外见到一条两头蛇。他听说见两头蛇者必死，非常惊恐。稍稍镇定后，他急忙捡块石头砸死蛇，并把它深埋了。

回到家中，见到母亲，孙叔敖大哭。母亲问发生了什么事，孙叔敖说："我见到了两头蛇，怕是活不成了。"

母亲忙问："蛇在哪？"

---

[1]　王安石《荀卿论》。

孙叔敖答："我怕别人再看见，也活不成，把它砸死埋了。"

母亲安慰他说："我听说，私下行仁爱者，天会报之以福，你不会死。"①

在日常生活中，君子施行内心的仁爱，一般先从孝悌开始。父母、兄弟姐妹是自己最亲的人，一个人如果不爱自己天然最亲的人，却爱不相干的他人，甚至小狗小猫，那么其性情一定发生了某种程度的扭曲。《孝经》上说："不爱其亲而爱他人者，谓之悖德；不敬其亲而敬他人者，谓之悖礼。"

极端的利己主义者杨朱，毫无怜悯同情之心，拔一毛利天下而不为；极端的利他主义者墨翟，讲爱无差别，亲疏不辨，违背正常的人情人性。孟子骂他们说："杨朱提倡'为我'，这是目无君主。墨翟主张'兼爱'，这是目无父母。不把君主和父母放在眼里，那就成为禽兽了。"②

佛家的慈悲之爱，在利他方面比墨家还要彻底。墨家的爱，要平等地施与人类；而佛家的爱，不仅要平等地施与人类，还要平等地施与昆虫动物。

有些极端的佛教徒不仅不食荤腥，而且走路都小心翼翼，生怕不小心踩死蝼蚁。他们不杀生，甚至鼓励舍身救生。《贤愚经》上有一则故事：

> 很久之前，大车王国有三位王子。一日，三位王子同游山谷，在一片茂密的竹林中，见一母虎守七只幼虎，饿得气

---

① 刘向《新序·杂事第一》。
② 《孟子·滕文公下》。原文：杨氏为我，是无君也。墨氏兼爱，是无父也。无君无父，是禽兽也。

息奄奄。大王子说:"七幼虎缠身,母虎无暇觅食,最后饿极了,定会发生饿虎食子的惨剧。"二王子附和说:"可怜啊,这些老虎势必没法续命了,可我们有什么办法呢?"

小王子摩诃萨埵一言不发,只是悄悄地留下来。他等到两位哥哥走远了,便来到虎穴旁,脱去衣服,挂于竹枝上;然后躺卧,以干竹枝刺颈出血,舍身饲虎。饿虎舔血食肉,唯留下一堆余骨。

儒家讲仁爱,与佛家的慈悲之爱,有诸多不同之处。

儒家认为,"身体发肤,受之父母",非自己私有,不能随便损伤;如果随意损伤,便属于不孝。而且"天地之性,人为贵",人与动物不平等。人,吃动物的血肉正常,主动舍身让动物吃掉,则不正常,有悖于天地之德。

仁者爱众生,不是不杀生,只是比较节制。孔子是仁者,他也打鱼捕猎,只是"钓而不纲,弋不射宿"。[①]

圣王商汤外出巡游,见有人四面张网捕鸟。那人喃喃祈祷说:"来吧鸟儿,无论飞得高的,无论飞得低的,无论向东的,还是向西的,统统都入我的网吧!"

商汤走过去,对捕鸟人说:"你的做法太残忍,这样所有的鸟儿都会被捕尽。"他命令砍去三面网,只留下一面网。

商汤为什么不下令砍去四面网,或干脆禁止人们捕鸟呢?因为他虽爱鸟,但更爱人。人生存不易,餐桌上不能没有肉食。他允许

[①] 《论语·述而篇第七》。大意:孔子钓鱼,但不拦网捕鱼;射鸟,但不射归巢的鸟。

人们捕鸟杀生，但不允许人们残忍贪婪地对待禽兽。

孟子说："君子对于禽兽，看见它们活着，就不忍心看到它们死去；听见它们的哀叫声，就不忍心吃它们的肉。所以君子远离厨房。"①

君子食其肉，但不忍心去厨房睹其死，并非虚伪，而是仁爱之情使然。在有些不得已的情况下，君子也会亲自动手杀牛宰羊，只是心存怜悯，会比较节制。

人是杂食动物，上天生牲畜禽类养人，人该食而不食，有逆上天之德，是谓之"过"。人闻动物哀嚎，毫不动心，残忍而无节制地杀戮，则有伤于仁，是谓之"不及"。过与不及，皆违中庸正道。

庄周讥刺儒者之仁爱虚伪。他举葬礼为例说："人死了，埋入地下，露天让乌鸦老鹰吃，土埋被蝼蛄蚂蚁吃，从乌鸦嘴里抢来给蚂蚁，为什么这样偏心呢！"②

孟子不同意这种观点，他在一次与人辩论时说：

> 在上古之时，或许有不安葬自己父母的人。父母死了，抬走扔在山沟里。但后来路过，他看见狐狸在啃咬父母的遗体，蚊蝇在叮咬父母的遗体，心中大为不安，脑门上的冷汗

---

① 《孟子·梁惠王上》。原文：君子之于禽兽也，见其生，不忍见其死；闻其声，不忍食其肉。是以君子远庖厨也。

② 《庄子·杂篇·列御寇》。原文：庄子将死，弟子欲厚葬之。庄子曰："吾以天地为棺椁，以日月为连璧，星辰为珠玑，万物为赍送。吾葬具岂不备邪？何以加此！"弟子曰："吾恐乌鸢之食夫子也。"庄子曰："在上为乌鸢食，在下为蝼蚁食，夺彼与此，何其偏也！"

直冒,斜眼不敢正视。这种流汗,不是流给别人看的,实在是由于衷心的悔恨而在面貌上表现出来的。他连忙跑回家,拿来筐与锹,把父母的遗体深埋于地下。①

人皆有不忍之心,只是这不忍之心易被私欲遮蔽。故小人不仁,喜幸灾乐祸,欺负弱者;君子仁爱,有好生之心,同情怜悯弱者。

杜甫曾住在成都的浣花草堂,草堂的前面有几株婆娑的枣树,每到秋天,西邻有个老妪便来打枣,杜甫从不阻拦,总是和颜悦色,任她扑打。

后来,杜甫搬家,草堂让给了一位吴姓的表亲。不久,老妪找到杜甫诉苦,说吴家扎起篱笆,不准她再打枣。杜甫写了一首诗,托人捎给亲戚,委婉劝他不要阻止老妪打枣。诗云:

堂前扑枣任西邻,(堂前的枣任西邻老妪打吧)
无食无儿一妇人。(她是个无依无靠的老妇人)
不为困穷宁有此?(如不是生活所迫,她怎会这样)
只缘恐惧转须亲。(只因她心存恐惧,就更应对她亲切一些)
即防远客虽多事,(见你搬来,防着你虽是多事)
使插疏篱却甚真。(但你一来就插篱笆却是真的)
已诉征求贫到骨,(她说缴纳租税已让她一贫如洗)

---

① 《孟子·滕文公上》。原文:盖上世尝有不葬其亲者,其亲死,则举而委之于壑。他日过之,狐狸食之,蝇蚋姑嘬之。其颡有泚,睨而不视。夫泚也,非为人泚,中心达于面目,盖归反虆梩而掩之。

33

正思戎马泪盈巾。（一想起战乱无休，她就涕泪满巾）①

但是，君子虽然仁爱，却并非滥好人。有时君子为了行仁爱，还不得不以暴制暴。据说曾国藩领兵镇压太平天国，杀人无数，心中常不安。他的朋友胡林翼，借给他过寿的机会，送一副对联宽慰他：用霹雳手段，显菩萨心肠。

王守仁在赣南剿匪，有一座山寨久攻不下。王守仁用计，诱匪首下山接受招安。匪首一众人入城，王守仁暗观他们的行止，感觉他们匪性难改。他担心赣南久乱，生民不安，再也经不起土匪折腾。为防他们降而复叛，他不顾"杀俘不祥"的古训，密令将归顺的这股土匪悉数斩杀。

有时除暴诛恶，以安良善，也是仁。《左传》引《诗经》中的话说："'软的不吃，硬的不吐。不欺鳏寡，不畏强暴。'这只有仁德的人能够做到。"②

第二节　义——宜于情，宜于理，宜于事

西方经济学中有个"理性经济人"的概念。这个概念是西方经济学的基石之一，它建立在两个假设之上：第一，它假设人都利己自私，趋利避害；第二，它假设人在面临两种以上的选择时，总会选择对自己更有利的方案。

中国的古人也有类似的观点，司马迁在《史记·货殖列传》

---

① 杜甫《又呈吴郎》。
② 《左传·定公四年》。原文：《诗》曰："柔亦不茹，刚亦不吐。不侮矜寡，不畏强御。"唯仁者能之。

中说："天下熙熙，皆为利来；天下攘攘，皆为利往。"

那么，"理性经济人"的假设，在现实中是否百分之百成立呢？回答是否定的。人的性情行为，远比西方经济学家之假设复杂。

中国的古人虽然承认人有爱财趋利的天性，但并不认为人人都是"理性的经济人"。例如，孔夫子就把人笼统地分为君子、普通人、小人，说："君子明白的是义，小人明白的是利。"①

小人，基本上可定义为"理性的经济人"。他们以自私自利，追求个人利益的最大化为特征，但君子不是。君子亦求利，但义字当头，凡事把义放在第一位。子张所谓："士遇到危险时勇于献身，遇到所得时能考虑是否符合道义。"②

义，宜也，也就是宜于情理天道。具体而言，义，不是基于精细的利益计算，而是发乎仁、循于道所表现出来的损己利他行为。

所谓的损己，大致有三个层面：一是付出精力与时间的成本；二是付出钱财的成本；三是付出身体甚至性命的代价。

需要说明两点：一、并非所有利他行为都可称为义。没有原则的利他行为，违仁悖道，不是义，是糊涂。二、小人与君子眼中的利是不一样的，小人以钱财、地位等为最高的利；君子以心安康泰、成就大我为最高的利。

宋国有个人得到了一块宝玉，要献给子罕，子罕不接受，说："我以不贪婪为宝，你以玉为宝，如果你把玉给了我，我们

---

① 《论语·里仁篇第四》。原文：君子喻于义，小人喻于利。
② 《论语·子张篇第十九》。原文：士，见危致命，见得思义。

俩都丧失了宝物,不如各人保有各人的宝物。"①

上述所谓的损己利他,是站在小人与普通人的角度而言。如果站在君子的角度,则不是损己利他,而是成己利他。

义举,若归纳起来,常见的有五类。

第一,损己而利群体,损己而助公益。

战国时期,秦国侵略赵国,包围了赵国首都邯郸。赵国紧急向魏国求援,魏王派将军晋鄙领兵救赵。可是,魏国人惧怕秦军,走到汤阴时反悔,滞留不前。魏王派使者辛垣衍潜入邯郸,游说赵国的平原君,让他劝赵王投降,尊秦王为帝,以退秦兵。

齐国人鲁仲连在邯郸听说这事后,担心赵国屈服,助长秦王野心,给东方诸国带来更大的灾难。他主动找到平原君与辛垣衍,陈明利害,劝说他们打消屈服的念头,联起手来共同抗秦。平原君与辛垣衍折服,不再提求和之事。

没多久,魏公子无忌施计夺得晋鄙的军权,率魏国大军救赵。秦王见没有获胜的希望,只得撤兵西去。

平原君感念鲁仲连之功,设宴招待他。酒酣耳热之时,平原君起身向前,献上千金酬谢。鲁仲连谢绝,笑着说:"那些闻名天下的高士,之所以为世人推重,是因为他们替人排祸解难,不收取什么报酬。如果他们收取报酬,那就是生意人的行径了。我鲁仲连怎肯自我贬低。"鲁仲连辞别平原君,终身不再相见。

鲁仲连付出时间与精力的成本,救赵国于危难之中,事后不收取任何报酬,飘然离去,是标准的义举。

李白后来写古风诗赞颂鲁仲连说:

---

① 《左传·襄公十五年》。原文:我以不贪为宝,尔以玉为宝,若以与我,皆丧宝也。不若人有其宝。

>　齐有倜傥生，鲁连特高妙。
>　明月出海底，一朝开光曜。
>　却秦振英声，后世仰末照。
>　意轻千金赠，顾向平原笑。
>　吾亦澹荡人，拂衣可同调。①

第二，为陌生人排危解困。

民谚云：任何人都有雨天而忘记带伞的时候。世事难测，祸福在旦夕之间，在人遇到危难之时，伸手帮一把，便是义。

相传宋太祖赵匡胤年轻时，侠肝义胆，有一次在太原的一处道观内，解救了一名女子。此女子年轻貌美，乃蒲州人氏，名叫赵京娘。赵匡胤担心这个弱女子再遭欺负，决定不远千里，护送她回乡。两人走到离蒲州三百余里的一个荒村时，京娘向赵匡胤倾诉爱慕之情，愿以身相许。赵匡胤不愿乘人之危，婉言谢绝，仍以兄妹之礼相待。

《警世通言》中有赵匡胤谢绝京娘的详细描述。赵匡胤说："贤妹，非是俺胶柱鼓瑟，本为义气上千里步行相送，今日若就私情，与那两个响马何异？把从前一片真心化为假意，惹天下豪杰们笑话！"②

---

①　李白《古风·其十》。大意：齐国有个倜傥洒脱的士人名叫鲁仲连，他的才气特别出众。他就像一颗夜明珠从海底升起，所散发的光芒瞬间照亮了天地。他用雄辩有力的游说让赵魏两国联合拒秦，逼退秦军，建立莫大的功勋。他的英名传遍天下，他的光辉照耀后世，让后人无限景仰。他看轻功名富贵，回头笑着拒绝了平原君的千金馈赠。我也是和他一样的旷达之人啊，事了拂衣去、功成便身退是我们共同的志趣。

②　冯梦龙《警世通言·第二十一卷》。

小人爱幸灾乐祸、落井下石，或乘人之危，谋利自肥；君子古道热肠，乐于付出成本，救助落难遇危者。

付出成本，给人雪中送炭，是义；付出成本，给人锦上添花，是媚。

第三，损己而益朋友。

为朋友两肋插刀，并非指不顾天理道义，无原则为朋友干任何事，而是指在朋友落难时，不逃避、不漠视，主动相助。

汉代有个叫荀巨伯的人，听说朋友病重，急忙千里迢迢赶去探望。不巧，朋友的家乡正遇到胡人军队的攻打。他的朋友下不了床，对荀巨伯说："我今天死定了，你赶快离开吧。"荀巨伯说："我远道来探望你，如何能舍你而去？这样败坏道义而苟且偷生的事，难道是我荀巨伯所能做的吗？"

胡人到后，对荀巨伯说："我们大军一到，满城人都逃走了。你是怎样的汉子，竟然敢独自留下？"荀巨伯说："我的朋友病重，我不忍心抛下他不管。我愿用我的性命，换取他的性命。"

胡人们面面相觑，互相议论说："我们这些不懂道义的人，却进入了讲道义的地方。"于是就撤军了，全城人因此都得以保全。[①]

第四，匡正道，维公理，明是非。

东汉时期，湖阳公主的奴仆白天公然杀人，而公主包庇他，无人敢管。洛阳令董宣发怒，有一天拦住公主的车驾，斥责公主不明事理，并把那个奴仆抓获，强行正法。

湖阳公主勃然大怒，去找光武帝刘秀告御状。光武帝也有些生气，召来董宣，想将他杖杀，以安抚公主。董宣不服，叩头

---

① 《世说新语·德行第一》。

说：“陛下中兴汉朝，却纵容恶仆杀害良民，以后这天下还怎么治理？我不需要被杖杀，请让我自杀吧！"言毕，他一头撞向柱子，血流满面。

光武帝知道他有理，想放了他，便命小黄门扶起他来，去向湖阳公主谢罪。董宣认为自己无罪，不肯向公主叩头。小黄门摁他的脖子，他也坚挺不屈。

公主对光武帝说："您过去当百姓时，隐匿逃犯，官吏不敢上门捉拿。如今当了皇帝，权威还不能强加于一个地方官员身上吗？"

光武帝看了公主一眼，讪笑着回答："当天子，不同于当百姓。"他感于董宣的正义，免去他的惩罚，还赐给他许多钱。董宣把这些钱都分给了手下。

董宣为了伸张正义、维护公理、匡正纲纪，甘愿冒丢官杀头的危险。所幸他遇到了一个通情达理的皇帝，才没有让这件事发展成为悲剧。

在小人眼里，钱财与权力能决定人的祸福生死。因此，谁有钱，谁就是对的；谁有权，谁就代表真理。

但对君子而言，权与钱不能大于法，法不能大于理，理不能偏离正道。因此，即便天王老子，也不能不守法，也不能不讲理。

第五，见利而思是否当取，如果不当取，则不取。

人需要物质利益的保障才能存活，没有人不需要钱财，也很少有人不爱钱财，所以孔子说："富有和显贵，是人们所向往的。"[①]

小人谋求富贵，不择手段；君子见利思义，不取妄财。孟子赞扬伊尹，说：

[①] 《论语·里仁篇第四》。原文：子曰："富与贵，是人之所欲也。"

> 如果不符合道义，即使给他整个天下作为俸禄，他也不会回头看一眼；即使给他四千匹马，他也不会放在眼里。①

旧上海有个叫叶澄衷的人，早年是个穷汉，靠在黄浦江边摇船摆渡讨生活。一天中午，有个洋人急着过江，搭乘叶澄衷的小船。船刚靠岸，那洋人便大步踏上岸，匆匆而去。

叶澄衷见船上有个公文包，知是那洋人所遗。他打开包，发现里面有许多钞票与贵重的东西。

叶澄衷想那个丢了包的洋人必定万分焦急，便停了生意，在原地等候失主。直到傍晚时分，那个洋人才满面沮丧而来。他见叶澄衷还在原地等他，大喜过望。他清点自己的包，见一样东西未少，非常感动。

他看着衣衫褴褛的叶澄衷，问道："摇船的，你知我的包里有许多钱吗？"

叶澄衷回答："知道，我看过。"

洋人说："那你为何不拿包溜走，还等在这里？"

叶澄衷说："不是我的东西，我怎么能拿？是客人留下的东西，就理应还给客人。"

那洋人认为叶澄衷是个有义之人，后来便邀他做了自己的合伙人。

清代有个叫吴鹏的徽商，有一次与客户签约，购进八百斛胡

---

① 《孟子·万章上》。原文：万章问曰："人有言，'伊尹以割烹要汤'，有诸？"孟子曰："否，不然。伊尹耕于有莘之野，而乐尧、舜之道焉。非其义也，非其道也，禄之以天下，弗顾也；系马千驷，弗视也。"

椒。不久，他发现那批胡椒有毒。客户得到消息后，怕与吴鹏断了生意，答应原货收回。

吴鹏犹豫再三，做出一个惊人的决定：这批胡椒不退，就地销毁，损失自担。

许多人不解，劝他别这样，但吴鹏心意已决，他认为：这批胡椒如果不在自己手上销毁，极可能会被转卖他处，危害他人。

在这个世界上，义人是高贵的，因为他们不受钱财与权力的奴役；义人是富有的，因为他们总是给予别人什么。

梁山好汉之所以不同于一般土匪，是因为他们不只看重钱财，更看重义气。他们竖起替天行道的大旗，劫富济贫，锄强扶弱，试图让这个不公平的世界，变得相对公平一些。

人，并非都是"经济动物"，人群中有唯利是图的小人，也有仗义高尚的君子。人性虽然具有自私自利的一面，但其内核中不乏神性的光辉。

第三节　礼——天理的纹路

诗三百温柔醇厚，讲究含蓄，但其中有首诗为了解恨，却以讨厌的老鼠为喻，用俚俗之语，对无礼者直接开骂。诗云：

> 看那老鼠还有体，这人行为不守礼。
> 既然行为不守礼，那就快死何迟疑？①

---

① 《诗经·鄘风·相鼠》。原文：相鼠有体，人而无礼。人而无礼，胡不遄死？

无礼之人，总让人讨厌；而守礼，则使人愉悦。人性之中有恶，无礼便是恶散发出的臭气；人性之中有善，守礼便是善发出的光辉。

春秋时期的晏子说："大凡人类之所以高贵于禽兽之处，就是因为有礼。"①

君子重礼，因为礼是社会秩序的润滑剂，也是人在社会上的立身根本。荀子说："人没有礼义不能生活，事情没有礼义不能完成，国家没有礼义不能安宁。"②

陈亢问孔子的独子伯鱼："你在夫子那里听到过特别的教诲吗？"

伯鱼回答："没有呀。只是有一次他独自站在堂上，我快步从庭前经过，他说：'学《诗经》了吗？'我回答：'没有。'他说：'不学《诗经》，就不能言谈应对。'我退下之后就学习《诗经》了。有一天，他又独自站在堂上，我快步从庭前经过。他说：'学礼了吗？'我回答：'没有。'他说：'不学礼，就没法立足于社会。'我退下之后就学礼了。"③

礼，既是对他人的尊重，也是对自己的尊重。君子自重自爱，所以敬人、敬事、敬先辈、敬天地万物；小人不自重不自爱，所以喜欢骄慢人、奚落人、欺负人。

曹国的君主姬襄（曹共公）轻薄。晋公子重耳落难，逃亡到曹国。姬襄听说重耳有生理缺陷——肋骨密排成块，他很好奇，不顾大臣劝告，趁重耳洗澡时，躲在窗帘外偷窥。重耳发现姬襄窥视自

---

① 《晏子春秋·卷一》。原文：凡人之所以贵于禽兽者，以有礼也。

② 《荀子·修身》。原文：人无礼则不生，事无礼则不成，国家无礼则不宁。

③ 《论语·季氏篇第十六》。

己的隐私，又羞又恨，但敢怒不敢言，只得匆忙离开曹国。

后来，重耳回到晋国继位，是为晋文公。晋文公为报曹国之辱，发兵进攻曹国，抓住姬襄，差一点将曹国灭掉。

塞万提斯说："礼貌不花钱，却比什么都值钱。"这话反义讲：无礼不花钱，却比什么代价都大。

人性之中有三类弱点，容易直接外化为无礼，它们是：无知、贪、骄。

无知，让人不懂如何尊重他人，说话尖刻，行事简单粗暴，蛮不讲理。

贪，容易让人在面对利益、荣誉、功劳时，只考虑自己，不考虑他人，不讲方寸，不知退让，吃相难看。

骄，让人比较自我、虚荣。骄者，喜欢贬低他人而抬高自己，喜欢不择手段胜过他人，喜欢炫耀自己比他人优越。

所以，一个社会要避免陷入丛林主义，尽量实现和谐，人与人之间要避免互为陷阱与仇敌，尽量实现相互尊重，那就需要每个人都克制人性中的不良欲望，与他人相处时有节有度，让自己与他人皆心安、皆欢悦。《礼记》讲：

> 君子抱持恭敬、节制和退让的态度来彰显礼。[1]

可是，恭敬、节制与退让的分寸该如何把握呢？普通人面对纷繁的人与事，如果想做到言行恰到好处，不仅非常累，而且非常难。

---

[1] 《礼记·曲礼上》。原文：是以君子恭敬、撙节、退让以明礼。

圣人为了给世人提供一种相互尊重的简易工具，所以制定礼仪规矩，以便于人们掌握使用。

礼的根是仁，干是义，枝叶为敬。

敬，外化到纷繁的人与事上，表现为各种制度、规范、法则、程序、仪式等。《中庸》说周礼"礼仪三百，威仪三千"。

约翰·霍尔说："礼貌出自内心，其根源是内在的。然而，如果礼貌的形式被取消，它的精神与实质亦随之消失。"

礼，不是要抹平人类社会的不平等，也不是要否认人与人之间的等级差别，而是承认人与人之间天然不平等、天然有差别，并在此基础上构建一个社会的良性秩序。

处在领导地位上的人，扮演着尊贵角色，如果得不到下属应有的尊重，不仅不能有效行使权力，而且还会对下属产生怨恨。所以，需要制定一套制度、一套程序，来体现对领导的尊重，以保证他有效行使权力，并心态平和。

处在下属地位的人，扮演着相对低下的社会角色，理应尊重上级领导。但是，一个人虽然扮演的社会角色低下，可他毕竟是人，从自然人的角度上看，他的人格与领导平等，他也应该得到尊重。因此，对于领导而言，也需要有一套规矩，在体现自己权威的同时，让下属获得应有的尊重。因为只有如此，下级才不会犯上作乱，或者奴颜婢膝；上级才不会颐指气使，盛气凌人；上下级之间才会相安相敬，和谐相处。

《礼记》云：

> 人有礼，社会就会安定；人无礼，社会就会危乱。因此说"礼，是不可不学的"。礼的原则，要求自我谦卑而尊重

别人。即使是小商小贩,也一定有值得尊敬的人,更何况富贵的人呢?富贵而知道喜好礼,就不会骄奢淫逸;贫贱而知道喜好礼,就不会内心卑怯。①

礼,可让强者减避隐患,可让弱者获得必要的尊重;可让智者安适泰然,可让莽撞者避免误踩红线。《左传》说礼的作用,"礼,是用来治理国家,安定社稷,使人民有次序,使后代获益的东西"。② 信哉斯言。

礼,是通向仁的阶梯。但对于一般人而言,要做到有礼,却并不容易,需要通过克己才能做到。

颜渊问什么是仁。孔子回答:"克制自己的私欲,践行礼的要求,就是仁。一旦人人都这样做,普天之下就趋向于仁德了。实践仁德在于自己,还能依靠别人吗?"

颜渊说:"请指教一些具体的方法。"

孔子回答:"不符合礼的事情不看,不符合礼的话不听,不符合礼的话不说,不符合礼的事不做。"③

克己复礼,实际可分三个层面。

最低的层面:遵守礼的形式,内心却无礼。

---

① 《礼记·曲礼上》。原文:人有礼则安,无礼则危。故曰,礼者,不可不学也。夫礼者,自卑而尊人。虽负贩者,必有尊也,而况富贵乎?富贵而知好礼,则不骄不淫;贫贱而知好礼,则志不慑。

② 《左传·隐公十一年》。原文:礼,经国家,定社稷,序民人,利后嗣者也。

③ 《论语·颜渊篇第十二》。原文:颜渊问仁。子曰:"克己复礼为仁。一日克己复礼,天下归仁焉。为仁由己,而由人乎哉?"颜渊曰:"请问其目。"子曰:"非礼勿视,非礼勿听,非礼勿言,非礼勿动。"

第二个层面：表面有礼，内心有敬。林放问孔子礼的本质，孔子告诉他，礼不能没有形式，但内心的敬更重要。孔子说："就一般礼仪来说，与其铺张浪费，宁可朴素俭约；就丧礼来说，与其仪文周到，宁可过度悲哀。"①

第三个层面：达到仁的境界，能顺时随俗，不拘泥于教条，以和为原则，随心所欲而不逾矩。

克己，实际有克制与克除两重意思。一个人只有克制自己的欲望，才能复礼；而只有拔除自己的不良欲望，才能达到礼的最高境界——仁。

但反过来讲，人要想拔除自己的不良欲望，却又需要礼的帮助，礼是抑制人心田中不良欲望生长的最为简洁与有效的方法。

有个故事讲：一位智者带四位学生漫游世界，最后回到家乡。智者给学生们上最后一课：他划出一片野地，让学生们想办法除去地里的杂草。

学生们认为这件事情很简单，便各自发表意见：一位说用铲子铲；一位说用火烧；第三位说撒石灰；第四位说把根挖出。

智者不作评价，只是让他们按照各自的方法去除草，并约定一年以后再相见。

一年之后，四位学生回到老地方，没有见到老师，却发现他们四人除过草的地，依旧杂草丛生；唯有老师负责的地块，杂草不见了，取而代之的是长满了谷子的庄稼地。

这四位学生豁然醒悟，原来老师是要告诉他们：要有效除去

---

① 《论语·八佾篇第三》。原文：礼，与其奢也，宁俭。丧，与其易也，宁戚。

荒野里的杂草，只有在上面种植庄稼。

人的骄慢自大之情，就像春夏时节的野草，有着强大的生命力，总是在人不经意间就蹿生出来，让人防不胜防，克不胜克。礼，就相当于庄稼。人只有尊礼，非礼勿视，非礼勿听，非礼勿言，非礼勿动，才能不给自己不良的言行举止留出空间。

可是，从另一个角度讲，怎样才能在荒草地里种植庄稼呢？其前提，则先需把表面的杂草清理掉。也就是说，要想养成尊礼的习惯，必须先克制自己、约束自己。一个人假如毫无自控能力，他的心田里只能长野草，不可能长出庄稼。

因此，克己与复礼，表面上是两件事，实际上是一件事。两者相辅相成，就像一枚硬币的两面。

君子尊礼，一则因为，礼是人与人之间的和平公约；二则因为，君子心中有爱有敬，如若心中无爱无敬，纯粹为求利益而讨好人，对人毕恭毕敬，是谄媚，不是礼。

孟子说："君子所以异于人者，以其存心也。君子以仁存心，以礼存心。仁者爱人，有礼者敬人。爱人者，人恒爱之；敬人者，人恒敬之。"[1]

第四节 智——聪慧明达

即便拥有美德，一个昏昧的人也称不上君子。君子不仅拥有美德，还拥有智慧。

---

[1] 《孟子·离娄下》。大意：君子之所以不同于常人，是因为他居心不同。君子心里存在着仁爱，存在着礼义。讲仁爱的人爱别人，讲礼义的人尊敬别人。爱别人的人，别人常常爱他；尊敬别人的人，别人常常尊敬他。

智慧不等于才能，不等于才华，不等于机智，不等于聪明。

才能，指一个人办事及解决实际问题的能力，如鲁班做木工，韩信带兵，庞统理政。

人的才能各有差别，善于解牛的庖丁，不一定懂哲学；而深窥上帝秘密的牛顿，却在生活小节方面相当笨拙。据说，牛顿因为工作疲劳，懒得时常起来给自己养的两只猫开门，便索性在门上开洞。考虑到这两只猫一大一小，牛顿就在门上开了一大一小两个洞。此事一时传为笑柄。

才华，是知识开出来的鲜花。杜甫赞李白的才华："昔年有狂客，号尔谪仙人。笔落惊风雨，诗成泣鬼神。"[①]

才疏学浅，固然没有才华；但知识渊博，也不等于有才华，大脑中灌满知识者，不乏呆子与酸腐之徒。

才能、才华不能与智慧相媲美。一个人拥有才能与才华，如果没有智慧，就不知道怎样运用它们，可能会四处碰壁；而且如果不懂得珍惜，可能还会慢慢失去它们，像神童方仲永那样"泯然众人矣"。

而拥有智慧的人，则可以通过学习，发展出自己欠缺的才能与才华。智慧的人懂得努力，能够永不止歇地主动学习，而拥有才能与才华的人可能骄傲，只知道飘飘然睡大觉。

机智近于智慧，常被误认为智慧，但它不是。机智，指的是一个人敏捷的理解能力与判断能力。

机智者，天资高，记忆与理解能力超众，对来自外界的刺激反应敏捷，应对及时得当。

---

① 杜甫《寄李十二白二十韵》。

王戎七岁的时候,曾经与很多小孩子游玩。见道边李树多子,累累压折枝条,孩子们都抢着跑过去摘李子,只有王戎一个人站着不动。有人问他缘故,他答道:"树在道边却有这么多李子,说明这必定是苦李。"孩子们取回品尝,果然苦涩难食。[①]

聪明更近于智慧,也常被误认为智慧,但它与智慧仍有区别。

聪明者不仅机敏,而且能较为全面而深远地看人看事,有谋略,懂得处世做事的技巧;但常有人恃自己的聪明,过于算计,耍滑头,或舍正道而卖弄手段,做一些损人利己的龌龊之事。

顺正道的聪明,智而若愚,是大聪明;偏离正道的聪明,花花心肠,是小聪明。大聪明是智慧,小聪明不是智慧。

小聪明者认为人算可以欺天,但常搬起石头砸自己的脚。曹雪芹给小聪明的王熙凤写判词说:"机关算尽太聪明,反误了卿卿性命。"

为了个人私利而耍弄聪明,是阴谋诡计,更不是智慧。

魏禧在《给子世侃书》中告诫说:

> 汝资性略聪明,能晓事。夫聪明当用于正,亲师取友,进归一路,则为圣贤,为豪杰,事半而功倍。若用于不正,则适足以长傲、饰非、助恶,归于杀身而败名。

有才能者,具备做事的能力;机智者,知道该做什么;聪明者,知道怎么去做;而智者,知道怎样做才合乎正道、才正确。

希腊人把知识渊博、能言善辩的人称为智者;而实际上希腊

[①] 《世说新语·雅量第六》。

人所称的智者，只是哲学专家，不是真正的智者。哲学专家运用自己的学识与思辨能力，醉心于玩弄概念，偏于一端，执于一理，在小道上逞智行险。

还有人把学者称为智者，但知识不能与智慧画等号，许多学者实际见识浅陋。西谚说："可以碰到上千个学者，但不一定能碰上一个智者。"

真正的智者见识高远，洞察世情，从容中道，处世方正，于平凡中见伟大。智慧，与美德是亲戚关系；而美德，本身便是一种智慧的自利。

有位老盲人，晚上出门总要点一盏灯笼。有人问他："你看不见，为什么还要点灯笼呢？"他回答说："我为别人照路，也免得让别人撞到我。"

儒家特别推崇智慧，在孔子看来，智，近于仁；而智者，仅次于仁者。他说："仁者安仁，知（智）者利仁。"①

所谓"知者利仁"，其意思是说：智者未必天生爱行仁，但他的聪明才智，却足以深刻理解仁道对于人生的益处，所以能主动积极向仁靠拢——亲近仁、学习仁、践履仁。

另外，智者还有如下特点。

1. 洞察不惑，明辨是非。孟子说："是非之心，是智的开始。"②
2. 理性而不迷信。鲁国名臣臧文仲，得到了一只据说能通灵的大龟，很是高兴，给大龟建了一座僭越礼制的豪华房子。孔子评论这件事，他认为臧文仲虽然聪明，但是迷信鬼神，算不上

---

① 《论语·里仁篇第四》。
② 《孟子·公孙丑上》。原文：是非之心，智之端也。

有智慧，说："臧文仲居蔡，山节藻棁，何如其知（智）也？"

3. 能识人。老子说："认识别人的是'智'，了解自己的才算是'明'。"①

樊迟询问仁，孔子说："爱护他人。"樊迟询问智，孔子说："了解他人。"

樊迟未能透彻理解，孔子说："举用正直的人来代替不正直的人，能使不正直的人变得正直。"

樊迟退出来，见到子夏，说："刚刚我去见夫子，询问了仁，夫子说'举用正直的人来代替不正直的人，能使不正直的人变得正直'，这是什么意思？"

子夏说："这句话的含义丰富啊！舜拥有天下，在众人中挑选人才，举用了皋陶，不仁的人就离去了。汤拥有天下，在众人中挑选人才，举用了伊尹，不仁的人就离去了。"②

基督教同儒家相类似，也特别推崇智慧。《圣经》上说：上帝造伊甸园，让亚当与夏娃在里边自由生活，但禁止他们吃智慧树上的果子。夏娃经不住蛇的诱惑，偷吃了智慧树上的果子，并把它也分给亚当吃。这对男女从此获得了理性，开始明是非、知羞耻。

---

① 《老子·第三十三章》。原文：知人者智，自知者明。
② 《论语·颜渊篇第十二》。原文：樊迟问仁。子曰："爱人。"问知。子曰："知人。"

樊迟未达。子曰："举直错诸枉，能使枉者直。"

樊迟退，见子夏曰："乡也吾见于夫子而问知，子曰：'举直错诸枉，能使枉者直'，何谓也？"

子夏曰："富哉言乎！舜有天下，选于众，举皋陶，不仁者远矣。汤有天下，选于众，举伊尹，不仁者远矣。"

人类有了智慧，也便拥有了类神的能力。上帝发怒，诅咒他们，将他们赶出伊甸园，让他们到大地上遭受惩罚与试练。

但是，人类中的智者，已经具备了神性，明白了人神之间的许多秘密。所以上帝指示人，要尊重智者，以智慧为是。

君子求智慧，虽然离不开一定的天赋，但关键要靠学习、历练与修养。

不学习，就不能站在前人的肩膀上，就容易见识浅陋、愚昧无知。班固在《汉书》中评价权臣霍光缺智慧，说他"不学亡（通'无'）术，暗于大理"。

不经过历练，就容易脱离实际，不谙世情。赵括纸上谈兵，自作聪明，误了赵国四十万将士的性命。

不注重修养，就容易情欲蔽心，理智不明。人的心，不管怎样聪智，只要被贪欲、嗜欲、色欲、冲动等魔鬼控制，一定会变得昏乱，一定会丧失智慧。

《吕氏春秋》中载有一个利令智昏的故事：齐国有个人，想发财想昏了头，大清早，他穿戴好衣帽，径直走进一家金店，见有人手拿金子，一把夺来便走。官吏把他逮住捆绑起来，问他："大庭广众之下，你还抢人家的金子，是什么原因？"

那人回答："抢金子时，我只看到金子，根本没看到人。"[1]

智慧是一种很高的生命境界。没有智慧，仁，会打折扣；义，不能张扬；礼，会失措难行；信，会不合时宜。

---

[1] 《吕氏春秋·去宥》。

第五节 诚与信——不自欺，不欺人

我们现在常用"诚信"一词表示不欺骗他人、讲求信用。但实际上，诚与信是两个不同的概念，诚主要指"不自欺"；信主要指"不欺人"。诚与信连在一起使用，其内涵远比"不欺骗他人，讲求信用"丰富。

《大学》云："所谓诚其意者，毋自欺也。"孟子说："人性本善。"所谓不自欺，就是指不欺骗自己善的本性，不欺骗自己的良知。

有人把"诚"等同于"实"，说"诚者，实也"。这是不正确的。实，指心意与言行一致，但心意有善，也有不善。心意与言行虽一致，但不善，只是实，而不是诚。

因此，"实"不等于"诚"。

例如，有人在内心里恨某人，想恶毒地骂他，他不愿伪装，就实实在在地骂了出来，这是实，不是诚。有人羡慕别人的东西好，想去偷，就大着胆子去偷过来，这也是实，而不是诚。

只有人的本性良知，与善的心意，以及善的行为三者相统一，才能称为诚。

有些善良的谎言，虽不是实，却是诚。

法国作家雨果，有一个贵重考究的笔筒，对此他非常珍视。有一天，他的好友巴尔扎克来访。巴尔扎克饶有兴致地参观雨果的寓所，当参观到雨果的书房时，不小心将桌上那个精美的笔筒碰倒在地。"啪"的一声，笔筒摔得四分五裂。

巴尔扎克很紧张，满心愧疚地向雨果连连道歉，请求雨果谅解。雨果看上去没有一丝不快，笑呵呵地说道："你不必内疚。我也是最近才知道，它只是一件用很普通的梨木做的赝品而已。它竟然欺骗了我这么长的时间，我正恨不得扔掉它呢。"

听了雨果的这一番解释，巴尔扎克如释重负。

其实，这只笔筒还真不是用普通梨木做的赝品，而是用地地道道的黄花梨木做的。雨果为了不让朋友难堪、有压力，所以故意编了个善意的谎言骗他。

雨果的行为便是诚，而不是实。

信，指不欺人。信，从字义上讲，从人从言，意思是不以言语欺骗他人。它有两个含义：

一是不无中生有，编造谎言欺骗他人。

周幽王宠爱美女褒姒，但褒姒老皱着眉头，从来不笑。周幽王想方设法逗她发笑，却总不成功。有个佞臣对周幽王说："从前为防西戎侵犯国都，在骊山一带建造了二十多座烽火台。现在天下太平，烽火台早没用了。不如把烽火点着，叫诸侯们上个大当。娘娘见诸侯们受骗，带着兵马跑过来，又空跑回去，一定会发笑。"

周幽王拍手称好，某天半夜，命人把所有烽火都点了起来。邻近的诸侯看见烽火烛天，认为国都有难，纷纷带兵前来护卫。等赶到之后，他们却只听见奏乐和唱歌的声音，不见一个敌人，也不像打仗的样子。大家正疑惑间，幽王派人笑嘻嘻地告诉他们："诸位辛苦，今夜没敌人来，你们回去吧！"诸侯们知道遭幽王戏弄，大为不满，各自愤愤地带兵返回。自此，幽王失信于诸侯，并为此付出了生命的代价。

二是言与行一致，承诺别人的事，一定努力做到。

宋濂幼时嗜好读书，但家里穷，买不起书。没有办法，他只能借书抄阅，并承诺按约定的时间奉还。为了不失诺，即便天气寒冷，砚台上的墨水结冰，手指冻得僵直，他也坚持按时抄完，及时将书奉还给人家。

用言语答应别人、承诺别人，只需两片嘴唇一碰便可以，很简单；但要用行动去履诺，却很难。

《弟子规》云："事非宜，勿轻诺；苟轻诺，进退错。"

君子说出话，想算数，却因为现实条件的制约，常常遇到困难，很难算数。小人反复无常，为了眼前的利益做出承诺，本也不打算认真对待，他们眼中只有利益——符合他们的利益，就践诺；不符合他们的利益，就违诺。

诚与信连在一起，有两个更深层次的含义。

第一个层次：尊重规矩与公理，不背后欺人。所谓"举头三尺有神明，明处不欺人，暗处不昧心"。

宋朝有个叫查道的士人，与仆人挑着礼物出远门探亲。中午时分，两人又饥又饿，仆人建议从送人的礼物中拿些东西吃，查道不同意，说："那些礼物既然要送人，便是人家的东西了。我们要讲信用，怎能偷吃？"

两人继续饿着肚子赶路，这时，路旁出现一个枣园。枣树上挂满了熟透的枣子。查道和仆人饥饿难耐，便停下来，采了些枣子吃。

吃完枣，查道拿出一串钱，挂在采过枣子的树上。仆人奇怪地问："这是什么意思？"查道说："吃了人家的枣子，应该给钱。"仆人说："枣园的主人不在，别人也没看见，何必这样认真？"查道严肃地说："枣的主人虽然不在，也没别人看见，但我们既然吃了人家的枣子，就应该给钱。"

诚信的第二个层次：履心诺。

君子不欺心，心中若有暗许他人之诺，他人虽不知道，也努力去践履。

吴国公子季札北上访问晋国，路过徐国时，顺路去拜访了徐国国君。徐国国君观赏季子的宝剑，嘴上没说什么，但脸上流露出喜爱之意。季札也心领神会，但因为还要出使中原各国，所以没有当场奉献。

季札出使晋国回来，专程经过徐国，想把宝剑献给徐国国君。可等他赶到徐国时，徐国国君已去世。

季札无奈，准备把宝剑献给新继位的徐国国君。随从人员劝阻说："这是吴国的宝物，不适合用作赠礼。"

季札说："我非赠他。前些日子我经过这里，徐国国君观赏我的宝剑，嘴上没说什么，但脸上流露出想要它的表情。我因有出使上国的任务，没献给他。虽这样，我在心里已许诺给他。如今他死了，我再不把宝剑献给他，是自欺我的良心。因爱惜宝剑而违背自己的良心，正直者不会如此做。"

季札解下宝剑，要将它送给继位的徐国国君。徐国国君说："先君没有留下遗命，我不敢接受。"季札长叹一声，把宝剑挂在徐国国君坟墓边的树上，返回吴国。徐国人赞美季札，歌唱道："延陵季子兮不忘故，脱千金之剑兮带丘墓。"

诚与信有时很容易发生矛盾，若发生了矛盾，君子宁失信，不失诚。

抗日战争时期，日本鬼子到山区扫荡，在山谷中迷了路。正当急迫之时，他们抓到了在山坡上放牛的王二小。鬼子让王二小带路去抓抗日军民，王二小答应了，却没有忠实履行诺言，而是故意把鬼子骗进了八路军的埋伏圈。

对好人讲信用，有助于善；对坏人讲信用，等于助长其恶。

孔子讲，"人而无信，不知其可也"。① 但有些时候，他也宁诚而不守信。

公元前496年农历十月，孔子率弟子离开卫国，前往陈国，经过卫国蒲邑（今河南长垣）时，正遇到公叔戌在蒲邑招兵买马，准备发动叛乱，夺取卫国君位。

公叔戌怕孔子坏他的大事，便扣押了他们师徒。孔子为了脱身，在被逼无奈的情况下，与公叔戌歃血盟誓，答应不向卫灵公告发。

但孔子一离开蒲邑，马上就准备去卫国告发此事。子贡疑惑地问："老师，发誓订立的盟约难道也可以违背吗？"

孔子回答："被要挟而订立的盟约，神灵并不认可。"②

因此，诚是信的根本；没有诚的信，未必正当。孟子说："大人者，言不必信，行不必果，惟义所在。"③

第六节　勇——知耻坚韧，敢为敢当

心之所至，便有胆量果敢去做，是勇。但勇分等级，有低级，有中级，也有高级。

---

① 《论语·为政篇第二》。大意：人如果不讲信用，不知那怎么可以。
② 司马迁《史记·孔子世家》。
③ 《孟子·离娄下》。大意：贤德的人，说出的话不一定信守，行为不一定贯彻始终，只要与义同在、依义而行就可以了。

低级的勇，指原始欲望激情爆发，忘记恐惧而产生的勇。荀子把这种勇分为三类：猪狗之勇、商人与盗贼之勇、小人之勇。他说：

> 争喝抢吃，没有廉耻，不懂是非，不顾死伤，不怕众多的强人，红着眼只盯着吃喝，这是猪狗之勇。见财如见命，争夺财货不知推让，行动起来果断大胆而振奋，凶猛贪婪，行事暴戾，红着眼只盯着财利，这是商人与盗贼之勇。不在乎死亡，行为暴虐，这是小人之勇。①

猪狗之勇，是肠胃之欲、情色欲、嗜好之欲刺激出的勇气。它让人忘记危险，胆大妄为。如狗见了肉骨头，扑过去叼在嘴里，谁抢就跟谁拼命；如野猪发情争交配权，相互之间拼死而争。

有一次，楚王大宴群臣，入夜不散。楚王乘着酒兴，让自己宠爱的许姬给官员们敬酒。其中有个将领，迷于许姬的美丽，竟然趁着阵风吹灭灯烛、帐内一片黑暗之际，色胆包天，去扯抱许姬，完全忘记礼仪及可能招来的杀身之祸。此楚将的勇，便属猪狗之勇。

商人与盗贼之勇，指物质利益刺激出的勇气。爱财是人的天性，古语说"鸟为食亡，人为财死""重赏之下必有勇夫"。

马克思讽刺资本家之勇，大意是：有百分之五十的利润，他

---

① 《荀子·荣辱》。原文：争饮食，无廉耻，不知是非，不辟死伤，不畏众强，恈恈然唯利饮食之见，是狗彘之勇也。为事利，争货财，无辞让，果敢而振，猛贪而戾，恈恈然唯利之见，是贾盗之勇也。轻死而暴，是小人之勇也。

就敢于铤而走险；有百分之百的利润，他就敢于践踏人间一切法律；有百分之三百的利润，他就敢犯任何罪行，甚至甘冒上绞刑架的危险。

小人之勇，来源于血气冲动。因一些日常琐事，一言不合，一念不顺，便暴筋发怒，拔刀相向，不计后果，不避生死。

俗语说："横的怕愣的，愣的怕不要命的。"横的，指流氓光棍；愣的与不要命的，指的便是小人中的勇者。

除此之外，美国学者丹尼尔·普特曼还笼统地把勇分为两类三种：第一类中等之勇，包含生理之勇及心理之勇；第二类高级之勇，指道义之勇。

中等之勇，指人克服恐惧而产生的勇气。其中，生理之勇，指克服对肉体死亡或痛楚的恐惧而产生的勇气；心理之勇，指克服成瘾、贪欲、懒惰、不良情绪等心理定势，及怕失败、怕丢脸等心理障碍的勇气。

孟子论这类勇，举过两个例子。

有个叫北宫黝的人，为了培养自己的生理之勇，拿刀刺肌肤而不退缩，拿针刺双目而不转睛。但北宫黝有个毛病，他管理不了自己的血气，受一点小委屈，就暴跳如雷；听了恶言，必定回击。只要受了冒犯，即便是刺杀大国君主这样的危险事，他也敢干。

还有个叫孟施舍的人，宣扬用忘记恐惧的方法，培养人的心理之勇。他认为军人打胜仗，靠的是心理上的勇气。军队上阵，遇到的情况千变万化，如果估量到自己的势力大过敌方，才去进攻，如果考虑到能够取胜，才去交战，那将很容易产生畏敌情绪。因此，军人上阵，根本不要去考虑对方强弱，而是要把不能取胜看成能够取胜，敢于藐视一切敌人。

其实，人要克服生理与心理上的恐惧，有时需要依仗技能或者工具，这就是所谓的"艺高人胆大""钱是人的胆""衣是瘆人的毛"。

面对猛狮，即便勇士也会胆怯；可一个瘦弱的人，依仗手中的半自动步枪，便能轻松克服恐惧，横行于狮群面前。

齐人孟贲仗着自己力大无比，水行不避蛟龙，陆行不避虎狼。有一次，遇到两头牛在旷野中争斗，周围的人纷纷逃避，孟贲则毫无畏惧，从容上前强行驱散两牛。一牛屈服伏地，另一头牛仍然继续攻击。孟贲发怒，左手按牛头，以右手拔其角，角出牛死。

人要具备心理之勇，有时需要他人引导、鼓舞，有时则需要自省、自励。

心理之勇有正面的，也有负面的。

曾国藩早年在京城为官时，沾染上了许多坏习惯与毛病。后来他鼓足勇气，决心要战胜自己。他给自己取号"涤生"，并在日记中引用袁了凡的话自励说："从前种种，譬如昨日死；从后种种，譬如今日生。"

傅昭说"自胜者勇"。一个人敢于向自己的嗜欲、毛病、弱点及坏习惯开战，也便具备了正面的心理之勇。

荀子从另一个角度定义中等之勇，他说：

> 礼貌恭敬而内心谦让，重视诚信而看轻钱财，敢于推荐贤能的人，敢于把不肖的人拉下马，这便是中等之勇。①

---

① 《荀子·性恶》。原文：礼恭而意俭，大齐信焉而轻货财，贤者敢推而尚之，不肖者敢援而废之，是中勇也。

高级之勇，称士君子之勇，亦称道义之勇。道义之勇，指为保持道德正义而克服外界诱惑或威逼的勇气。道义之勇分三个方面。

一个方面，它与正面的心理之勇相通。一个人在面临外界的诱惑与威逼之时，基于道义，敢于直面自己的缺点，敢于斗自己的心魔，敢于与自己的私欲作战，便具备道义之勇。

《中庸》说："知耻近乎勇。"一个人若管不住自己的欲望，不能知耻而守底线，算不上士君子。

相传，偏远的江里住着一条恶龙，它每年要求附近的村庄献祭一名处女，而这个村庄每年都会有一名少年英雄勇敢地去与恶龙搏斗，只是无人生还。

这一年，又一名少年英雄出发了，村中的长老暗派一个人悄悄尾随他。只见那少年深入龙穴，用剑刺死了恶龙；但这龙穴中铺满金银财宝，这个英雄少年是个半截子勇士，他管不住自己的贪欲，坐在龙尸上不肯离开，身上慢慢长出鳞片，最终变成了一条新的恶龙。

荀子说：

> 只要合乎道义，就既不屈服于权势，也不顾自己的利益，把整个国家给他，他也不会被收买；虽然珍惜生命，但坚持正义而不屈不挠，这才是士君子之勇。[①]

[①] 《荀子·荣辱》。原文：义之所在，不倾于权，不顾其利，举国而与之不为改视，重死持义而不桡，是士君子之勇也。

另一方面，士君子能够以道义为准绳，区别应当恐惧的事与不应当恐惧的事。遇到应当恐惧的事，即便对方是老弱妇孺，即便只是一丝一毫的钱财，也害怕退避；遇到不应当恐惧的事，即便赴汤蹈火，去闯鬼门关也在所不惜。

通俗地说，该怕时，谨小慎微，大气都不敢喘；该死时，从容去死，眉头都不皱一下；该活时，谨慎地活着，一发一肤都不敢损伤。

孔子云："见义不为，无勇也。"① 又说："君子义以为上。君子有勇而无义为乱，小人有勇而无义为盗。"②

孟子引曾子的话说：

> 我曾听孔子说过大勇的道理："反省自己觉得理亏，即使对普通的百姓，我也不去恐吓他们；反省自己觉得理直，纵使对方是千军万马，我也勇往直前。"③

荆轲好读书击剑，他早年游历榆次，与当地一个叫盖聂的人论剑，两人发生争论，盖聂瞪了他一眼，他便吓得匆忙而逃。他漫游到邯郸，与一个叫鲁句践的人博戏，发生了争执。鲁句践发怒呵斥，他仓皇而走，从此不敢再与鲁句践见面。

燕太子丹赏识并厚待荆轲，请他去刺杀暴虐的秦王嬴政。他

---

① 《论语·为政篇第二》。
② 《论语·阳货篇第十七》。
③ 《孟子·公孙丑上》。原文：昔者曾子谓子襄曰："子好勇乎？吾尝闻大勇于夫子矣：自反而不缩，虽褐宽博，吾不惴焉；自反而缩，虽千万人，吾往矣。"

带着燕国勇士秦舞阳去咸阳行刺,见到秦王时,秦舞阳惊恐色变,浑身发抖;而这时的荆轲却泰然自若,手持匕首去劫秦王。秦王侥幸脱身,击伤荆轲,荆轲倚柱而笑,箕踞而骂,至死全无惧意。

第三个方面,即便是基于道义,如果该讲策略时不讲策略,作无谓的牺牲,只能算打折扣的士君子之勇。

一个人跑到战场上阵亡,非常容易;但勇敢地冲锋陷阵,却还能尽力保存自己的生命,却不容易。

有一次,孔子夸赞颜回,子路听了不服气。子路自恃勇猛,有军事才能,问孔子说:"如果让您统率三军,您愿意找谁共事?"

孔子一直担忧子路蛮勇莽撞,故意给他泼了一瓢冷水:

> 那种空手搏虎、徒步过河、至死不知悔悟的人,我是不会找他共事的。我喜欢与那种遇事谨慎、善谋而成的人共事。①

道义之勇,属于大勇。

为了满足自己的欲望而敢于拼命的人,是小勇;为了名誉、事业而敢于拼命的人,是中勇;为了正义与真理而敢于拼命的人,才可算作大勇。

狼瞫是晋军中一名小校,在秦晋两国对抗的殽之战中立功,受到晋襄公的赏识,升为车右。但后来在箕之战前夕,晋军主帅

------

① 《论语·述而篇第七》。原文:子曰:"暴虎冯河,死而无悔者,吾不与也。必也临事而惧,好谋而成者也。"

先轸认为狼瞫只是侥幸立功，称不上勇，撤销了他的车右职务。

狼瞫认为受了奇耻大辱，愤愤难平。他的朋友见状说："我愿与你一同起事，杀掉先轸。"

狼瞫摇头不同意，说道："《周志》上说：'勇敢但如果杀害上级，死后不能入明堂配享。'死而不合乎道义，不是勇敢。为国而死，才叫勇敢！我以勇受知于君，获车右一职；先轸认为我不勇，罢免我的职务，也理所应当。如果说上级不了解我，但罢免得恰当，也就是了解我了。我将昭示勇于天下，你姑且等着吧！"

不久，为报殽之战之仇，秦国又对晋国发动战争。双方交战于彭衙，狼瞫率部首先冲入秦阵，奋力击杀。晋军的主力趁机总攻，秦军大败，可狼瞫亦战死。①

再者，大勇者为了捍卫正道，具有自由之精神，独立之人格。荀子所谓，"上不循于乱世之君，下不俗于乱世之民；仁之所在无贫穷，仁之所亡无富贵；天下知之，则欲与天下同苦乐之；天下不知之，则傀然独立天地之间而不畏"。②

---

① 《左传·文公二年》。原文：战于殽也，晋梁弘御戎，莱驹为右。战之明日，晋襄公缚秦囚，使莱驹以戈斩之。囚呼，莱驹失戈，狼瞫取戈以斩囚，禽之以从公乘，遂以为右。箕之役，先轸黜之而立续简伯。狼瞫怒。其友曰："盍死之？"瞫曰："吾未获死所。"其友曰："吾与女为难。"瞫曰："《周志》有之：'勇则害上，不登于明堂。'死而不义，非勇也。共用之谓勇。吾以勇求右，无勇而黜，亦其所也。谓上不我知，黜而宜，乃知我矣。子姑待之。"及彭衙，既陈，以其属驰秦师，死焉。晋师从之，大败秦师。

② 《荀子·性恶》。大意：对上不顺从乱世之中的君主，对下不混同于乱世之中的人民；在仁德存在的地方不顾贫穷困厄，在仁德丧失的地方不愿富裕高贵；天下人了解自己，就与天下人同甘共苦；天下人不了解自己，就巍然独立于天地之间而无所畏惧。

第七节 慎独——独处之时，亦谨慎不苟

一个风雪交加的寒夜，鲁国的柳下惠宿于郭门下。一个衣着单薄的年轻女子无处投宿，柳下惠恐她冻死，便叫她坐在自己怀里，解开外衣把她紧裹，同坐了一夜，没有发生任何非礼行为。

柳下惠与女子独处相拥，而坐怀不乱，可称为慎独。

刘少奇在《论共产党员的修养》中说："一个人独立工作、无人监督时，有做各种坏事的可能。"慎独，字面的意思是：在独处而无人看到时，也像在大庭广众之下一样谨慎。这个词，最早见于儒家的经典《大学》。曾子在解释"诚意"这一概念时，说：

> 所谓诚其意者，毋自欺也。如恶恶臭，如好好色，此之谓自谦。故君子必慎其独也。小人闲居为不善，无所不至，见君子而后厌然，掩其不善，而著其善。人之视己，如见其肺肝然，则何益矣。此谓诚于中，形于外，故君子必慎其独也。[①]

这段话用白话表达出来，其大意是：所谓诚其意，就是说要不自欺。就如同厌恶难闻的臭味，就如同喜爱美貌的女子，不是装出来的，而是外表与内心一致，所以君子必须慎独。小人在家闲居时，什么事都可以做得出来；但见到君子后，就会遮掩躲

[①] 《大学》。

闪，隐匿不良行为，装作善良恭顺。但别人看你，能看透你的五脏六腑，装模作样能有什么用呢？也就是说，内心怎么样，外表总会自然显露。因此，君子在独处的时候一定要慎重。

慎独实际上有两个层次，一个是不欺人，第二是不自欺。

不欺人比较好理解，就是不做两面人，不当面一套背后一套，即便没人监督，自己也能监督自己。

朱子说："君子慎其独，非特显明之处是如此，虽至微至隐，人所不知之地，亦常慎之。小处如此，大处亦如此；显明处如此，隐微处亦如此。"

卫灵公与夫人南子夜坐宫中，听到有车轮声由远而近，可车轮声到公门时却消失了。过了一会儿，车子又吱吱嘎嘎走了。

灵公问南子："你知道这是谁吗？"

南子答："一定是蘧伯玉。"

灵公问："你如何知道？"

南子说："我听说，依照礼节，臣子过君上的公门，一定要下车，看见君上驾车的马，一定要敬礼。凡忠臣孝子，不会在大庭广众之下，故意过分表现自己的礼节；也不会在没人看到的地方，放弃自己的品行。蘧伯玉是贤人君子，平日侍奉君上尽礼，一定不肯在无人知晓的地方失礼。"

卫灵公差人去问，果然是蘧伯玉。

不欺人，虽然是人前与人后一样，但内心未必就没有其他杂念。只是这些杂念，被道德意志所监督，强行压住，不能出来胡作非为。

明代有个官吏名叫曹鼎，有一次他独自捕获一名美貌女贼，押解回县衙的路上，夜宿一座野庙。月光下，女贼以色相引诱他，曹鼎实在难以自持，忙写下"曹鼎不可"四个字，贴在墙上警示自己，经过激烈的思想斗争，才抵住了女贼的诱惑。

不自欺，也就是不欺骗自己，是慎独的第二个层次。

所谓的自己，指的是真我，也就是那个本性至善的我。人通过修身，达到诚的境界，也就等于恢复了天命之性，回到了真我。真我具有高度的道德自觉，没有杂念，不需要外在的道德律令监督。

元代的许衡一日外出，天气炎热，口渴难耐，正巧路边有棵梨树，同伴纷纷去摘梨解渴，唯许衡不为所动。有人问他："为什么不去摘梨？"许衡回答："那不是自己的梨，怎可随便乱摘？"那人笑他迂，劝他说："世道这么乱，管它是谁的梨。"许衡说："梨虽无主，我心有主。"

不自欺，就是让内在的人格化之我，与外在的肉体之我，相安相得。如果外在的肉体之我，受不住物欲的诱惑，做出让内在的灵魂之我讨厌、鄙视之事，那就是自欺。

清代河南巡抚叶存仁清廉正直，他离任之时，僚属们想赠他些礼物，便趁夜深人静的时候，避开人的耳目，给他送了一小船财货。这在当时，算是一种社会风气，叶存仁既不想损害自己的做人原则而暗吞，也不愿生推硬挡，伤人脸面，便写诗一首婉拒。诗云：

> 月明风清夜半时，扁舟相送故迟迟。
> 感君情重还君赠，不畏人知畏己知。

杨震调任东莱太守，上任经过昌邑县时，他举荐的荆州秀才王密正好在那里做县令。夜半，王密拜见杨震，拿着许多黄金，要送给杨震。杨震说："我了解你，你不了解我，这是咋回事？"王密说："深夜没人知道。"杨震正色道："天知，神知，我知，你知。怎说没人知道！"王密羞愧而退。①

  慎独是儒家修身最为紧要的一项。曾国藩给自己订"日课四条"，第一条便是慎独，其他三条为：主敬、求仁、习劳。明儒刘宗周甚至说："独之外别无本体，慎独之外别无功夫。"可见，理解慎独，对理解儒家的心性之学至关重要。

---

  ① 《后汉书·杨震传》。

第三章　君子修身

第一节　君子避嫌疑

猜疑算不上人性的弱点，它是上天安排给人用于自我保护的一种心理机制。猜疑能促人反省，让人少犯过失；猜疑能让人产生警觉，从而避开危险。

猜疑心过轻的人，心地比较单纯，容易上当受骗；猜疑心过重的人，疑神疑鬼，容易害人害己。

荀子讲过一个小故事，说一个叫涓蜀梁的人，生性愚蠢，胆小多疑。一个月明之夜，他外出赶路，低头看见自己的影子，以为是趴着的鬼；仰望上面的头发，以为是站着的魅。他越走越怕，吓得转身回逃，到家后气绝身亡。[①]

曹孟德生性多疑，早年避祸于故旧吕伯奢家，吕家准备杀猪招待他，他听到磨刀霍霍声，疑心要害他，随即先下手为强，妄杀了吕家满门。

猜疑，有可能意味着正确，也有可能意味着错误。猜疑对了，防患于未然，对自己有利；猜疑错了，则会自乱心智，混淆敌友，损害事业与人生。

偏见、利益、爱憎、恐惧，能让人的理智昏乱，是乱猜疑的

[①]　《荀子·解蔽》。

肥料。乱猜疑起端于阴暗细微处，让人防不胜防。培根说："猜疑之心犹如蝙蝠，它总是在黑暗中起飞。"①

君子守中道，尽力去偏见、平心情、轻利益，既不过分单纯，也不疑神疑鬼。君子对人产生了猜疑，会不动声色暗做提防；同时，会认真观察、调查、分析，努力掌握主动权，以尽最大可能减轻其害，或尽最大可能避免误会好人。

然而，有些猜疑是因猜疑者自己不慎造成的，也可以说是自找的。

既然是自找的猜疑，当然可控可防。例如，一个人行为不检点，很容易被人嫌、被人疑。而避这类嫌疑的办法相对简单，那就是：言语谨慎一些，行为检点一些。

有个农夫拴牛于野外，忙他事去了。盗贼见了，趁机解开绳索，牵走了牛。过了一会儿，有个路人经过，见地上有个拴牛的木橛，起了捡小便宜之心，拔木橛出来，高高兴兴带回了家。

那个丢牛的农夫见了，立即把他扭送到官府，告他偷牛。这个人极力辩解，吃了很多苦头，才好不容易把事情解释清楚。

这个拔木橛的人如果不贪图小便宜，自然不会惹上遭嫌疑的麻烦。但在现实生活中，一个人即便不贪图小便宜，也可能会在无意间招来嫌疑。

曹植写过一首《君子行》，告诫世间君子，即便没有贪小便宜之心，也要注意主动避开嫌疑。诗云：

---

① 〔英〕弗兰西斯·培根《培根人生论》，何新译，湖南文艺出版社，2012年7月第1版，第109页。

> 君子防未然，不处嫌疑间。
> 瓜田不纳履，李下不正冠。
> 嫂叔不亲授，长幼不比肩。
> 劳谦得其柄，和光甚独难。

瓜田李下，皆是易生嫌疑之地。君子行走其间，如果举手整冠，弯腰提鞋，容易遭人误解，被猜疑为小偷。

北齐的袁聿修奉旨出巡地方，考查各级官吏。他的老朋友邢邵担任兖州刺史，袁聿修途经兖州，临别之时，邢邵派人送一匹自家的白绸给他。

袁聿修认为，自己这次因公务而来，负责的事情又极其敏感，不宜接受朋友的私赠。他退而不受，附一封书信，请邢邵谅解，说："今日仰过，有异常行。瓜田李下，古人所慎。多言可畏，譬之防川。愿得此心，不贻厚责。"

俗语说："身正不怕影子斜。"但实际上，世情不厚，有时即便身正，也怕影子被人看斜。

唐代名将郭子仪，为人宽厚端正，谨慎多谋，善避嫌疑，史书上赞他：

> 权倾天下而朝不忌，功盖一代而主不疑，侈穷人欲而君子不罪。①

御史中丞卢杞相貌丑陋，脸上还有块蓝痣；但他能说会道，

---

① 《旧唐书·郭子仪传》。

深得皇帝的宠爱。郭子仪豁达而不拘小节，有一次生病，文武百官来探视，他不让侍妾们回避。但听说卢杞要来时，他却一反常态，叫侍妾们全退下，一个人恭敬依在案几上接待他。

卢杞走后，家人询问缘故，郭子仪说："卢杞这个人相貌丑陋，而且心胸狭隘，睚眦必报。女眷们看到他的模样，肯定忍不住发笑。如果得罪了他，日后他若掌握大权，我们的家族恐遭灭门。"

后来，卢杞果真当了宰相。他报复曾冒犯过的人，不是杀他们的头，就是抄他们的家；却对郭子仪家族比较友善，时时有所照顾。

世间还有些嫌疑，可避，亦可不避。

韩非子讲过这样一个故事，说宋国有个富人，天下雨浸坏了他家的院墙，他儿子与他的邻居都劝他修一修，免得招来盗贼。他懒着没修，夜里果然有盗贼光顾，偷去他家很多财物。这个富人于是夸耀自己的儿子机智，却怀疑是邻居行窃。

富人这样猜疑，并非没有缘由。他分析行窃的盗贼，必定是知道他家墙坏者。按这种逻辑推理，他能明确知道的盗窃嫌疑人主要是他的儿子与邻居。在亲与疏之间，他当然会怀疑疏者。从这个角度讲，他的邻居遭怀疑，不算无缘无故。但对邻居而言，他不装聋作哑，也不能说是错误。他出于邻里之谊，提醒富人及早修墙防窃，既是好意，也是行正常人情。行正常人情遭猜疑，属小概率的幺蛾子，君子不避。

一个人如果处处避嫌疑，缩手缩脚，必会因私而废公。对于君子而言，有些嫌疑，当避一定要避；当不避，则不必避。

晋平公让祁黄羊推荐南阳县令的人选，祁黄羊推荐了仇人解狐。解狐到任，果然干得非常出色。

晋平公又问祁黄羊："国家还缺少军事统帅，您看谁能胜任？"

祁黄羊回答："祁午可以。"

晋平公说："祁午不是你儿子吗？"

祁黄羊知道晋平公怕他招嫌疑，落话柄，便说："您问的是谁适合担任国尉，不是问谁是我儿子。"

晋平公赞同他的说法，任命了祁午。祁午履职，国人无不佩服。孔子听说这件事，赞叹说："善哉，祁黄羊之论也！外举不避仇，内举不避子，祁黄羊可谓公矣。"①

君子避嫌疑，但如果大义所在，却不能避。

淳于髡问难孟子，说："男女之间不亲手递接东西，是礼的规定吗？"孟子回答："是的。"

淳于髡又问："那假如嫂嫂掉入水中，小叔子可以伸手去拉她吗？"孟子说："嫂嫂掉在水里而不去拉，那简直是豺狼！男女授受不亲，虽是礼的规定，但嫂嫂掉在水里，伸手去拉，那是权变。"②

元好问讲君子为官应当有所担当，写诗云："当官避事平生耻，视死如归社稷心。"③

第二节 和而不同

草儿争相发芽，树儿竞相吐叶，桃花、杏花、梨花争奇斗

---

① 《吕氏春秋·去私》。
② 《孟子·离娄上》。
③ 元好问《四哀诗·李钦叔》。

艳，青绿百态，紫红千万，这是春的和。

笛子横吹，琴瑟轻弹，金石相杂，宫、商、角、徵、羽五音错落成章，优美悦耳，这是演奏家的和。

荤素搭配，油盐酱醋相调，花椒大茴各种香料按比例加入，蒸炸三鲜美，烹调五味香，这是厨房大师傅的和。

容忍不同的个性，听从不同的意见，量才安排不同的职责，人才济济，各尽其能，这是组织管理者的和。

父慈子孝，长幼有序，夫唱妇随，爱意融融，相安相乐，这是一个家庭的和。

和，指各种不同的事物相应相洽，配合协调，从而实现的一种相安有序的美好结果，或者达到的让大家都满意的状态。

和的反义词，是争。

和，代表各种不同的事物相互助益，谐洽相处；争，代表各种不同的事物相互损害，斗而不安。君子贵德，以协和人事及万物为念；小人谋私，以争斗损人为能事。

和与同看似相近，却有本质的差别。和，效法天地，尊重差别，意味着宽容；同，反自然律，消灭差别，意味着不宽容。《淮南子》云："天地之气，莫大于和。和者，阴阳调，日夜分，而生物。"[①]

和，以仁义为基；同，以私欲为根。

齐景公打猎归来，晏子在遄台随侍，梁丘据驾车急匆匆前来问候。齐景公说："只有梁丘据与我和！"

---

① 《淮南子·氾论训》。大意：天地之间的气体，没有什么比和气更大的了。有了和气，阴阳可以协调，日夜分明而万物生长。

晏子回答说："梁丘据不过与您同而已,哪里能说是和呢?"

齐景公问:"和与同难道不一样吗?"

晏子回答:"很不一样。和就像做肉羹,先用水、火、醋、酱、盐、梅来烹调鱼和肉;再由厨工用柴火烧煮;再由厨师调配其味道,使各种味道恰到好处——味道不够增加调料,味道过重就用水冲淡一下。君子吃了,可平和心性。君和臣的关系也是这样。国君认为对的,其中也可能包含着不对,臣下进言指出其不对的地方,有助于纠偏;国君认为不对的,其中也可能包含着对的成分,臣下进言指出对的地方,有助于补政。"

接着,晏子批评梁丘据说:"国君认为可以的,他也说可以;国君认为不可以的,他也说不可以。如果用水来调和水,谁能吃下去?如果用琴瑟老弹一个音调,谁听得下去?同的危害,就像如此。"[1]

孔子论和与同,更为直接,他说:"君子和而不同,小人同

---

[1] 《左传·昭公二十年》。原文:

齐侯至自田,晏子侍于遄台。子犹驰而造焉。公曰:"唯据与我和夫!"晏子对曰:"据亦同也,焉得为和?"公曰:"和与同异乎?"对曰:"异。和如羹焉,水火醯醢盐梅以烹鱼肉,燀之以薪。宰夫和之,齐之以味,济其不及,以泄其过。君子食之,以平其心。君臣亦然。君所谓可而有否焉,臣献其否以成其可。君所谓否而有可焉,臣献其可以去其否。是以政平而不干,民无争心。故《诗》曰:'亦有和羹,既戒既平。鬷嘏无言,时靡有争。'先王之济五味,和五声也,以平其心,成其政也。声亦如味,一气,二体,三类,四物,五声,六律,七音,八风,九歌,以相成也。清浊,小大,短长,疾徐,哀乐,刚柔,迟速,高下,出入,周疏,以相济也。君子听之,以平其心。心平,德和。故《诗》曰:'德音不瑕。'今据不然。君所谓可,据亦曰可;君所谓否,据亦曰否。若以水济水,谁能食之?若琴瑟之专一,谁能听之?同之不可也如是。"

而不和。"①

　　君子之所以"和"，是因为君子发心仁义，希望取得一个大家都相对比较满意的美好结果。

　　君子之所以"不同"，是因为君子为了实现那个大家都比较满意的美好目标，会从不同的角度，贡献不同的意见与建议；会根据各自不同的特长，相互支持配合；会你失我补，你漏我捡，使用各自不同的方法，把事情做得尽量圆满。

　　小人之所以"同"，是因为小人们为讨领导欢心，只知道顺从领导，拍领导马屁，无原则地追求与领导保持一致。

　　小人之所以"不和"，是因为小人各有各的私欲，不关心公义，不关心事业的成败。他们表面上"同"，私底下却钩心斗角，争权夺利，相互倾轧，毫无"和"可言。

　　君子胸怀磊落，有相近的价值观念、理想与追求，即便有不同意见而相争，也不争私人名利，而是出于公心，只争技术、方法、策略及学术。

　　司马光与王安石在政治上是对头，性格也迥然有异。他们虽在道德学问上相互欣赏，但因政见不同，在朝堂上经常争论，而且谁也不服谁。

　　王安石为了推行新法，把司马光赶下台，自己做了宰相。

　　司马光在为朋友写的墓志铭中，攻击新法荼毒百姓。有人悄悄弄到墓志铭的镌本，献给王安石，以中伤司马光。王安石看后却不生气，反将它挂在墙上，逢人便夸"君实之文，西汉之文也"。

---

① 《论语·子路篇第十三》。

过了一段时间，王安石受到打击，罢相下台，司马光卷土重来，取代王安石当了宰相。当时群情汹汹，要治王安石之罪的声音很多。司马光在皇帝面前为王安石辩解，称赞王安石有古君子之风。王安石去世，病中的司马光深为悲憾。为防有人趁机诋毁王安石，他立即写信给右相吕公著，称赞王安石文章与节操有过人之处，并建议朝廷给予特别优厚的礼遇。朝廷根据司马光的建议，追赠王安石为太傅，谥号"文"。

有人把"和而不同"理解为无限度宽容不同的言论，认为任何意见都有益于公义，所谓"我不同意你的观点，但我誓死捍卫你说话的权利"。

但这种理解实际比较偏颇，"和"不是无限度包容，也并不是所有言论都有助于"和"。有些言论，包藏祸心，尖刻乖戾，夹带诋毁、偏见等，只会带来破坏与祸乱，而不会带来"和"。

任何一个领导人都知道虚心纳谏有助于改进自己的工作，促进组织的和谐，但在现实中，许多人却做不到。

为什么明知道有好处，却做不到呢？这是因为发表言论的人，并非个个都是君子。领导人在听人进言时，很难辨别哪些言论是出于公心的谏，哪些言论是暗含私心的套；哪些言论中正而有价值，哪些言论虚妄偏狭，专误导人走向歧路。

分辨人的言论，是一门极有难度的艺术。汉高祖刘邦能做到从谏如流，其境界之高，在历代帝王中，罕有企及者。

和而不同，"和"是目标，"不同"是实现目标的手段；而非相反，把"不同"当成追求的目标。

钟鼓琴瑟虽然不同，乱敲乱弹，不会得到"和"；若能用它们演奏出华美的乐章，才是"和"。

第三节　小人无错，君子常过

一个人存心做好事与正事，不经意间犯了错，称为过；一个人存心做坏事与邪事，不管是否造成坏的结果，都称为恶。《弟子规》中写道："无心非，名为错；有心非，名为恶。"

然而，何为好事与正事？何为坏事与邪事？这对不同的人，判断的标准未必一致。

本来，人之初，性本善，人性相通，不同的人，有相似的是非判断标准。孟子说："恻隐之心，人皆有之；羞恶之心，人皆有之；恭敬之心，人皆有之；是非之心，人皆有之。"[1]

《圣经》上也有类似的话，大意是：

> 神在造人的时候，把是非之准则已经造在我们心里，叫好人坏人的是非标准都一样，所以一件坏事，不仅好人看是坏的，坏人也知道是坏的，所以神可以审判坏人。如果坏人做的坏事是他不知道的，那对于他就不是坏事了，好比狮子吃了羊，我们不能拿羊的法律去审判狮子，所以人的是非之心相同，并且已经显明在我们心里，将来神的审判才能相同，才能服人。[2]

良知人人有，世间确有公理与公德存在，诚如有首流行歌曲

---

[1] 《孟子·告子上》。
[2] 《圣经·罗马书第 2 章 14—15 节》。

所唱,"人人心中有杆秤,孰好孰坏分得清"。但是,这杆秤有时为污垢覆盖,并不清晰;而且,君子与小人对待公理与公德的态度,也常有不同。

小人虽有良知,为物欲所蒙蔽,失了本心,从而把追求个人私欲当作为人处世的最高原则。凡是有助于他们私利的事,就认为是对;凡是有损他们私利的事,便认为是错。有时为了满足个人的私欲,他们可以干任何伤天害理的事而不知脸红羞愧。

当然,小人并非丝毫不知公理与道德,只是这道德与公理在他们的心里若隐若现,而且他们从来不打算认真遵守。假如违背了公理与道德,他们不会内心自讼自耻,而只在乎是否会受到法律或其他方式的惩罚。

如果做了坏事而没有受到惩罚,他们会得意自庆,暗暗给自己挑大拇指;如果做了坏事而受到了应有的惩罚,他们不是反省自己错了,而是后悔自己做事不周,或暗叹自己倒霉。

小人只会以私利为尺度,计算自己的得失,而不会以公理与道德为尺度,反省自己行为的对与错。从这个意义上讲,小人有恶,却无错。

君子尊道,"戒慎乎其所不睹,恐惧乎其所不闻",[①] 以良知、公理为第一是非判断标准。

但人性有弱点,即便是君子,也不可能完全不考虑私利,也免不了有偏颇、冲动、懦弱,及虑事不周的时候。因此,君子尽管心存公义,却也不可避免地犯一些过错。

---

① 《中庸》。大意:君子在别人看不见的场合谨慎戒备,在别人听不到的时候担心害怕。

君子忧过而不自知，以致使偶然之过发展成为常过，使小错铸成大错。所以朝兢夕惕，自检自省，闻过则喜。

尧舜设立谤木、谏鼓，欢迎臣民给他们提意见、指过失。

晏子辞退下属高缭，左右的亲信劝告说："高缭跟随您做事三年，您不仅不提拔他，反将他辞退，这似乎不合道义吧？"

晏子答："我晏婴狭隘浅薄，只能靠多方支持才少犯过错。高缭跟随我三年，从不说一句纠正我过失的话，所以我才辞退他。"①

闻过而喜，唯有君子才能做到，普通人与小人很难做到。普通人喜听马屁话，常闻过而怒；小人做事怕见阳光，常闻过而恨。所以，给普通人与小人指过错，是不明智的；即便不得不说，也要讲究分寸与方法，以免招来羞辱与灾祸。

子贡问与朋友的相处之道，孔子说："忠告而善道之，不可则止，毋自辱焉。"② 这是因为朋友不可能都是君子。

自检自省有一定的技巧。

曾参是个束身甚严的人，他曾总结自己省过的经验，说："吾日三省吾身：为人谋而不忠乎？与朋友交而不信乎？传不习乎？"③

明清时期，士大夫中间曾流行省过簿、记过格等辅助人内省的工具。还有些人则通过日记的形式，检身自省，曾国藩就是这

---

① 刘向《说苑·臣术》。原文：高缭仕于晏子，晏子逐之。左右谏曰："高缭之事夫子三年，曾无以爵位而逐之，其义可乎？"晏子曰："婴，仄陋之人也，四维之然后能直。今此子事吾三年，未尝弼吾过，是以逐之也。"

② 《论语·颜渊篇第十二》。

③ 《论语·学而篇第一》。

方面的典范。

曾国藩早年有好色的毛病，道光二十二年，他听说朋友陈源兖新纳的小妾貌若桃花，不禁心中艳羡。他来到朋友家，先聊了点学问，接着便提出要一睹人家小妾的芳颜，朋友不愿，但耐不住曾国藩强说，只得将小妾喊出来。曾国藩见了，大赞其美貌，还说了些不三不四的话。回家后，曾国藩反省自己的行为，很是不安，在日记中记下此事，骂自己"猥亵大不敬"。

后来，曾国藩老毛病又犯，竟洋洋自得与人聊起调戏朋友小妾之事，惹得陈源兖与他闹翻。曾国藩羞惭难当，又记下此事警示自己，自骂"真禽兽矣"！

周敦颐说："人之生，不幸不闻过，大不幸无耻。必有耻则可教，闻过则可贤。"①

佛家、基督教都讲忏悔。忏悔，就是通过一定的仪轨，让信徒反省自己的罪过，并痛心改正。

信徒当中有小人，也有君子。小人忏悔罪恶，君子忏悔过错。

小人，只有认识到自己的恶，才能唤醒自己的良知；只有唤醒了自己的良知，才能知耻；只有知耻，才能有所改正；只有愿意改正，才可能进阶为君子。

让小人真心反省忏悔，知耻知恶，是一件很不容易的事。各宗教用天堂地狱之说吓唬诱导，也是一种无奈的方法。

---

① 周敦颐《通书》。

第四节　君子三畏

孔子说："君子有三畏：畏天命，畏大人，畏圣人之言。小人不知天命而不畏也，狎大人，侮圣人之言。"[1]

什么是天命呢？

德国哲学家康德的墓志铭上刻着这样一句话："有两件事，我愈思考愈觉神奇，心中也愈充满敬畏，一是我头顶上的灿烂星空，一是人们心中永恒的道德律。"

康德所说的这两件事，代表的就是天命。灿烂星空，喻森然万物及其规律，为天命所造；人们心中永恒的道德律，是自然律在人心上的刻画，为天命所置。

灿烂的星空浩瀚无边，又精密有序；自然万物既各有自得，又被一股强大神秘的力量支配着运行生灭。而人心中的道德律，与宇宙相通。它既是自然秩序的要求，又与宇宙有规律而完美的秩序相呼应。

这两者如此伟大、神奇而崇高，怎能不让人感到惊奇与敬畏？

另外，天命还有一个意思，它指人的命运。据说，在巴黎圣母院钟楼的角落里，有块神秘的石头，上面用希腊文刻着的即这两个字。

人的凶吉祸福，冥冥中似有定数；但现实中，它又明显与人的所言所行有着一定的因果关系，《周易》所谓："积善之家，必

---

[1]《论语·季氏篇第十六》。

有余庆；积不善之家，必有余殃。"①

凡来尘往，命运之主庄重、威严，而且似乎有喜有怒，能对逆者降灾，能给顺者施福；君子谨慎而从善，岂敢相逆而不知敬畏？古语说："举头三尺有青天。人可欺，天不可欺。"

有人感叹："人人都处于自身与命运的双重束缚中，在大自然确定的法则下讨生活。世道有规律，但表面永远变化不定，人也就永远看不透自己。"②

小人满心都是私利的算计，眼光也被尘俗的功利圈住，他们理解不了崇高的事物，既不关心高高在上的灿烂星空与人类心中永恒的道德律，也看不到大自然法则对人的规定。

有些小人鲁莽地嘲笑命运之主；有些小人虽惧祸喜福，对冥冥中那个神秘的操纵者感到敬畏，可他们敬畏的并非是伟大的宇宙法则，而是想象出来的鬼神。所以小人一关心命运，马上便会陷入迷信之中。

让小人知天命，给他们讲道理，远不如说鬼神效果好。佛家劝世相当精明，例如，有一首教人敬畏天命的诗，这样说：

    公门里面好修行，半夜敲门心不惊。
    善恶到头终有报，举头三尺有神明。③

大人，指在位的王公大臣。

---

① 《周易·坤卦第二》。
② 〔法〕蒙田《蒙田随笔集》，马振骋译，上海译文出版社，2014 年 3 月第 1 版，第 3 页。
③ 《集俗语竹枝词》。

任何一个社会要想井然有序，都需要设置公权力予以组织管理。而掌握公权力者，一身系千万人的福祸安危，责任大，担子重，其社会身份放大了其自然身体，故称之为大人。

就如同敬畏天命等于敬畏宇宙法则及造物主，敬畏大人也便等于敬畏社会的秩序与天下苍生，因为大人位处要枢，可视为社会秩序与苍生的代表。

但是，大人有位，却未必有德。无德的大人，反而可能成为破坏社会秩序与祸害天下苍生的罪魁。

因此，君子敬畏大人分为两种情况：一种情况，大人有德行，君子既用礼仪形式表达敬畏，内心也充满敬畏；另一种情况，大人缺德行，君子只用礼仪形式表达敬畏，内心却充满藐视。

孟子痛快地说：

> 对大人说话时，内心可以藐视他，不要把他显赫的权势放在眼里。哪怕他的殿堂高两三丈，屋檐宽好几尺，若我得志，我不屑；哪怕他有佳肴满桌、侍姬数百，若我得志，我不屑；哪怕他饮酒作乐，驰驱打猎，随行车辆成百上千，若我得志，我不屑。他所拥有的，都是我不屑的；我所推崇的，都是古圣先贤遗下的礼乐制度。我为什么要敬畏他？①

---

① 《孟子·尽心下》。原文：孟子曰："说大人，则藐之，勿视其巍巍然。堂高数仞，榱题数尺，我得志，弗为也；食前方丈，侍妾数百人，我得志，弗为也；般乐饮酒，驱骋田猎，后车千乘，我得志，弗为也。在彼者，皆我所不为也；在我者，皆古之制也。吾何畏彼哉？"

君子敬畏大人，敬畏的是他的岗位职责；小人敬畏大人，敬畏的是其岗位职责的衍生品——权势。小人亲近权势，如同狗围着肉骨头转一样；但对大人的岗位职责却持轻忽玩弄态度，侵之狎之，毫无敬畏可言。

唐朝太监仇士良给党羽传授玩弄皇帝的经验，大意是："莫让天子有闲暇时间，有闲暇时间他就会读书，见儒臣，则又纳谏，智深虑远，减少嗜好及爱玩的东西，节省出游或驾临的处所，那么我们的恩惠和宠爱就少了。替各位考虑，不如增加财物，多用鹰马，每天以打球、狩猎及声色蛊惑其心，以奢靡掩住他的耳目，让他沉溺于其中不知休息。如此他必然斥经术，没心思管国家之事，然后我辈得志，朝政怎能不任我们摆弄？"①

造物主以光明照亮人类的心灵，但能够直接接受到这些光明的人却凤毛麟角，他们被称为圣人、哲人。

圣人，不同于西方意义上的哲学家。哲学家以洞见到真理为乐趣，并以此为傲。有位西方的哲人说：

> 居高临下遥看颠簸于大海中的航船是愉快的，
> 站在堡垒中遥看激战中的战场也是愉快的，
> 但是没有能比攀登在真理的高峰之上，
> 俯视尘世中的种种谬误与迷障，烟雾与曲折，

---

① 《新唐书·列传第一百三十二·宦者上》。原文：士良曰："天子不可令闲暇，暇必观书，见儒臣，则又纳谏，智深虑远，减玩好，省游幸，吾属恩且薄而权轻矣。为诸君计，莫若殖财货，盛鹰马，日以球猎声色蛊其心，极侈靡，使悦不知息，则必斥经术，暗外事，万机在我，恩泽权力欲焉往哉？"

更愉快的了！①

圣人之心仁爱，洞见到真理，既感到快乐，更悲天悯人。他们希望告诉世人真理，教导人们克服生命中的种种谬误与迷障，引导人类步入正道，免受歧途之误。

圣人的话记载在简册上，流传下来，称为经书。君子敬畏圣人之言，自然亦敬畏经书。古代的君子读经，洗手端坐，恭恭敬敬，有的人甚至要沐浴更衣，焚香静心。经书破损，要精心修补；经书毁坏，为防止亵污圣言，不能随丢乱弃，而是要送到惜字炉中焚烧。

惜字炉上常刻这样的对联："拾简残而珍圣品，防污秽以洁书香"，或者"字是诗书骨，炉生翰墨香"。

佛家虑小人不畏圣人之言，曾发起一场敬惜字纸的运动，并将之成功推广到了民间底层，使一般民众也有了敬惜字纸的习惯。

孔子说"君子三畏"，是举大要而言。君子之畏，当然不只局限于天命、大人、圣人之言三者。

曾国藩说："自天子以至于庶人，未有无所畏惧而不亡者也。上畏天，下畏民，畏言官于一时，畏史官于后世。"

但君子多畏，并非是滥畏，君子只畏当畏者，而不畏权势、鬼神、邪怪等。

君子不能无所畏，无所畏则肆无忌惮，行无所止；君子不能滥畏，滥畏则迷信愚昧，怯懦而失去担当。

---

① 〔英〕弗兰西斯·培根《培根人生论》，何新译，湖南文艺出版社，2012年7月第1版，第2页。

第五节　君子自助

君子相信自助者天助之，自强者天强之。

孔子说："君子求诸己，小人求诸人。"① 所谓求诸己，就是求诸事于自己的意思。换句话说，也便是君子诸事自助——遇到困难或不顺之事，首先反思自身的不足，努力靠自己去解决问题，不到万不得已不去求助于他人。

小人与君子相反，遇到挫折及困难，不反思自己，不自己努力去解决问题，而是怨天尤人，推卸责任，诅咒社会不公。

君子自助，首先要有自强之志。一个人能得到他人的扶助，诚然是一件值得庆幸的事；但是一个人如果对他人一味依赖，没有自强之志，则是一件可悲不幸之事。一个不能自强的人，如"腐朽的木头无法雕刻，粪土垒的墙壁无法粉刷"。②

蜀国先主刘备去世，他的儿子刘禅继位。刘禅，小名叫阿斗，愚笨无能，不思进取，整天只会玩乐。诸葛亮受顾命辅佐刘禅，鞠躬尽瘁，竭其忠诚，勉强维持着蜀国不倒。

诸葛亮去世后，刘禅失去了最强有力的依靠，自己又不懂自助振作，以致蜀国很快为魏国所灭。

魏人把刘禅押送至魏国都城洛阳，封他为安乐公。有一次，魏国的大将军司马昭请他喝酒，酒酣耳热之时，司马昭叫人跳蜀地的歌舞助兴。

---

① 《论语·卫灵公篇第十五》。
② 《论语·公冶长篇第五》。原文：子曰："朽木不可雕也，粪土之墙不可杇也。"

蜀汉大臣看到家乡的歌舞，都难过落泪；唯独刘禅咧着大嘴，挺乐和。司马昭问他："你不想念西蜀的家乡吗？"刘禅没心没肺地答道："这里有歌有舞，又有美酒，我不思念。"

司马昭私下感叹阿斗难扶，说："人之无情，乃可至于是乎！虽使诸葛亮在，不能辅之久全，而况姜维邪？"

君子自助，其次要做到的是自省，有了过错而不惮于努力改正。例如，考试成绩下降，要先反思自己在学习上是否尽了最大努力；事情没干好，要先反思自己是否全力以赴了，是否方法得当；与人产生了矛盾，要先反思一下自己是否冒犯了人家，或自己是否有做得不对的地方。

反省自己的不足与过失，是自助关键的一步。孟子说：

> 仁人君子如同射箭的人一样：射箭的人先端正自己的姿态，然后放箭；如果没射中，他不埋怨那些胜过自己的人，而反过来审察自己的不足罢了。①

刘基讲过一个小故事：在晋国与郑国的交界处，住着一个性格急躁的人。他射箭不中，就把箭靶子撕得粉碎；他下棋输了，就把棋子放在嘴里嚼咬。有人劝他说："这不是箭靶子与棋子的过错，你为何不反思自助呢？"他根本听不进去，最终因急躁病发作而死去。②

遇到困难与挫折委过于他人，是最简单、最懒惰的办法。但

---

① 《孟子·公孙丑上》。原文：仁者如射，射者正己而后发，发而不中，不怨胜己者，反求诸己而已矣。

② 刘基《郁离子·躁人》。

这样做解决不了任何实际问题，有时还会让问题变得更复杂，让自己变得愚蠢。

最后，君子自助，要有积极的心态，不等不靠，自我奋发努力。条顿人有句格言：既不崇拜偶像，也不信奉鬼神，只相信自己身体与精神的力量。

有了拐杖的人，就不想完全靠自己的双脚走路；不能自强，心理上有所依赖的人，便不想自己动脑筋、流汗水去排除困难，勇敢迎接各种挑战。

在这个世界，只有自己最为可靠，其他人总有时没法依靠，或有时靠不住。即便是父母无私地爱子女，但父母也总有不在子女身边的时候；即便朋友势大财多，也不可能处处无私相助。因此，世上最为可靠的人，首先是自己，其次才是父母，再次是兄弟姐妹，最后才是亲戚朋友。

有则笑话讲：从前有个人遇到了难事，去寺庙求拜观世音菩萨（简称"观音"），可当他走进寺庙时，发现有一个人也在跪拜观音，而且这个人的衣着相貌竟然与观音一模一样。他很惊讶，忍不住问道："你是观音吗？"那人回答："是的。"他又问："可你为何还要拜自己？"观音笑了，说："我也遇到了难事，求人不如求己啊。"

君子自强自助，所追求的成功目标有三个。

最为低级的目标是能够自立自助地生活，不成为别人的麻烦。自己的事情，自己努力解决，尽力不给家人、身边的人及社会带去多余的负担。

第二个目标是努力学习各种技能，把该做的事做好，争取建立事功，以有益于自我与社会。

第三个目标是努力使自己的人生得到完善,顺应天道,自求多福。假如自己觉得能够发光,那就努力给别人送去一些光明。

孟子说:

> 爱别人却得不到别人的亲近,应反思自己的仁爱是否不够;管理别人却不能够管理好,应反思自己的才智是否不足;以礼待人却得不到别人的回应,应反思自己是否做到了恭敬。不管做什么事情,如果得不到预期的效果,都应反躬自责。自身行为端正了,天下的人自然会归服。《诗经》说过:"永远要遵从天命,自己努力才会多福。"①

当然,君子反求诸己,自助自强,并不代表万事不求人。

完全拒绝他人帮助,绝对不求助他人,是刻板蠢人所执,非君子所为。人是群居动物,相互帮助是生存与发展的必需。一个人学习遇到了困难,难免要求助于师友;一个人做事遇到了困难,难免要求助于领导与同事。

君子遇到困难与挫折,第一位先求己;己有不能,不得已,才去求人,而且求人亦不依赖。事实上,越是自立自强的人,越能得到他人的帮助,也越是能得到命运之神的眷顾。

"自助者,天助之"是一条颠扑不破的金律。人若不能自助,谁也帮不了他;一个国家、一个民族若不自助,永远难以兴旺发达。

---

① 《孟子·离娄上》。原文:孟子曰:"爱人不亲,反其仁;治人不治,反其智;礼人不答,反其敬——行有不得者皆反求诸己,其身正而天下归之。《诗》云:'永言配命,自求多福。'"

第六节 己所不欲，勿施于人

有人把"恕"理解为宽容，这是不对的。恕，包含宽容，但不等于宽容。

子贡有一次问孔子："有没有一句话，可以终身奉行？"孔子答："大概'恕'可以吧！自己所不想要的任何事物，就不要强加给别人。"①

"己所不欲，勿施于人"，是恕道的核心。恕道倡导将心比心，它包含了人类诸多的美德，如：同情、理解、宽容、宽恕等。

恕道建立在人类最为根本的共性之上，而非枝枝叶叶的个性之上。人虽然千差万别，具有不同的嗜欲、性格、偏好、肤色、性别等，但人类之性情相通的部分，要远大于相互之间的差异。

人类有共同的基本生理需求，有共同的喜乐与忧伤，有共同的恐惧与怨憎；都喜欢赞扬而讨厌批评；都普遍喜爱财富而想避开贫穷；都喜爱听夜莺的歌唱，而不愿听猫头鹰刺耳的鸣叫；看到花儿绽放都容易振奋，看到花儿零落都容易悲伤……

恕道，以己之心，推彼之心，它像一枚硬币，有正反两个面。

恕道的第一个面：我不愿意别人怎样对我，我就不那样对人。例如，君子讨厌别人背后说自己的坏话，就不在背后说别人

---

① 《论语·卫灵公篇第十五》。原文：子贡问曰："有一言而可以终身行之者乎？"子曰："其恕乎！己所不欲，勿施于人。"

的坏话；讨厌别人颐指气使，就不对别人颐指气使；讨厌别人轻侮自己，便尽力不轻侮他人；讨厌他人尖刻，对待他人便尽量宽厚。诚如《大学》说：

> 你讨厌上级那样，就不要对下属那样。
> 你讨厌下属那样，就不要对上级那样。
> 你讨厌前人的所作所为，就不要把同样的行为施于后人。
> 你讨厌后人的所作所为，就不要把同样的行为施于先辈。
> 你讨厌右边人的言行，就不要用同样的言行对待左边的人。
> 你讨厌左边人的态度，就不要用同样的态度对待右边的人。①

君子宅心仁厚，遵从恕道，讨厌一些事发生在自己的身上，便不希望它发生在别人身上。例如，我讨厌倒霉，就不希望别人倒霉；我讨厌生病，便不希望他人生病。

东晋名士庾亮有一匹宝马，殷浩会相马，认为这匹马对主人有害，劝他卖掉。庾亮说："岂可将自己的祸事，转嫁给别人？"殷浩惭愧而退。

古代的药店常贴这样的对联："但愿世间人无病，宁可架上药生尘。"

君子讨厌别人怎样待己，便不以同样的方式待人。

齐国有个人，脾气不好，每到吃饭时便摔勺扔筷，踢锅敲桌，怒骂仆人。宾馆的主人讨厌他，但忍耐着不言语，到他要离

---

① 《大学》。原文：所恶于上，毋以使下；所恶于下，毋以事上；所恶于前，毋以先后；所恶于后，毋以从前；所恶于右，毋以交于左；所恶于左，毋以交于右。

开的时候，特意送给他一条狗。

这个齐国人带着狗赶路，到了吃饭的时候，唤狗过来一起吃东西。狗一边吃，一边大声不停地嗥叫；他一边吃一边不停地责骂仆人。一时间狗在下边叫，他在上边骂，一片嘈杂。从此，每到吃饭时，总会响起人骂狗嗥的"交响曲"，让人听着脑仁都疼。

有一天，这个齐国人受不了狗无休无止的嗥叫，开始连狗一起责骂。仆人在一边听了，忍不住失笑。这个齐国人才醒悟过来，从此再也不在吃饭时责骂仆人。①

小人反恕道，讨厌别人怎样待己，便喜欢以同样的方式施虐于人：以借别人的不适，平衡自己的心理；以从别人的痛苦中，找到自己的快乐。被上级领导骂了，他就回过头来骂下属；被下属骗了，他就回过头来对上级阳奉阴违。落魄时被人羞辱了，他日得志后，便翘起尾巴，变着法子羞辱他人。

鲁迅笔下的阿Q就有这类脾性。阿Q与王胡比赛抓虱子，发生了口角，遭到王胡胖揍，跌倒在地上。恰巧钱太爷的儿子"假洋鬼子"经过，他讨厌假洋鬼子，不由自主轻骂出来，假洋鬼子赶过来，又用文明棍教训了他一顿。

阿Q受了欺负，为找心理平衡，便去欺负静修庵里的小尼姑。他见小尼姑走过来，就迎着上去，大声地吐一口唾沫："咳，呸！"

小尼姑全不睬，阿Q走近她身旁，"突然伸出手去摩着伊新剃的头皮，呆笑着，说：'秃儿！快回去，和尚等着你……'"小尼姑满脸通红想躲开他，阿Q却兴高采烈起来，他扭住她的面

---

① 刘基《郁离子·齐人好诟》。

颊，调笑说："和尚动得，我动不得？"①

小人，自己向往过上美好的生活，却希望别人遭殃遇祸。

伊索寓言中有则小故事：一天，狐狸与驴子在森林中散步，不幸遇到了饥饿的狮子。狐狸为了自保，跑到狮子面前说："大王如果答应不吃我，我就把驴子交给您。"狮子点头答应了，狐狸便引诱驴子掉进陷阱。狐狸洋洋得意，希望得到狮子的奖赏；但狮子见驴子已跑不了，便转身抓住狐狸，先把狐狸吃了。

恕道的第二个面："己欲立而立人，己欲达而达人。"基督教有一金律，完全契合这一条。马太福音第七章第十二节说：

> 无论何事，你们愿意人怎样待你们，你们也要怎样待人。因为这就是律法和先知的道理。

例如，我在遇到困难时，希望得到别人的帮助；现在他人有困难，我便应该去帮助。我在孤单沮丧时，希望得到他人的爱与鼓励；现在别人孤苦，那么我也应该去给他温暖与鼓励。我在遇到喜事时，希望与亲朋好友分享我的快乐；现在朋友收获了美好的爱情，我也应该由衷地祝福他。

君子愿意别人成己之美，所以推己及人，也愿意成人之美。

隋军进攻江南，南朝驸马徐德言与妻子乐昌公主恐国破之后，两人离散难见，便打破一面铜镜，各执其半，约于他年正月望日卖破镜于长安，以冀相见。

后来南陈国亡，公主被掳，成为越国公杨素的一名侍妾。徐

---

① 鲁迅《阿Q正传》。

德言按照约定的时间地点来到京城，见一个家奴在卖半镜，拿出自己的那一半比较，镜片完全契合。徐德言题诗给公主，说："镜与人俱去，镜归人不归。无复嫦娥影，空留明月辉。"

公主见诗，悲泣不食。杨素听说后，深为感动，召来徐德言，把公主还给了他。

君子希望自己的利益受到照顾，推己及人，也愿意照顾别人的利益。这一点对商人尤其重要。商人以谋利为目的，可利不能独占，谋自己之利的同时，还需考虑生意伙伴的利益，只有与商业伙伴们共赢，才能真正得到自己的利益。

恕道是人性中最为美丽的花朵之一，它能给灰暗的人间带来亮色与芳香。恕道像灯盏，它不仅能温暖人的心灵，而且还能点亮他人寂灭的心；恕道像润滑剂，它能减少人与人之间的摩擦，让人与人之间的关系变得和谐；恕道像路标，它指引懵懂的我们，避开人生的陷阱与歧路；恕道像翅膀，它能带我们脱离兽性，摆脱庸俗。

恕道虽美好，却并不容易做到。嫉妒心、私欲心过重的人，注定与恕道无缘。

传说有一个很坏的老妇人死去，鬼抓她丢进火海，旁边的天使不忍心，想起她生前曾做过一件好事——拔自家菜园里的一根葱，施舍给乞丐。天使跑去向上帝求情，上帝说："好吧，你可以拿一根葱去拉她。如果能拉出来，她可上天堂；如果葱断了，她只能继续留在火海里受罚。"

天使把一根葱伸给那个老妇人，让她抓紧，要拉她出来。可当她快要脱离火海时，有另一个罪人也想出来，拉着她不放。老妇人不愿帮他，用脚踢他，说这是我的葱，只能救我，你算老几？她的话刚说完，葱就断了。

本来，老妇人如果心生善念，这棵葱能拉许多人上天堂；可她不能爱己及人，所以没有经受住上帝的考验。

第七节　宽容

宽容是恕道的衍生品。

有人无限度地赞美宽容，认为它是人世间至高的美德，但他们似乎忘了，宽容还有一个贬义的同类词，名叫放纵。放纵他人的恶行，本身是一种恶。

永州有个人，因为自己属鼠，便无原则宽容老鼠。他在家里不养猫养狗，而且还禁止仆人打老鼠；厅堂、仓库、厨房，任由老鼠恣意横行。

他家的衣物，多被老鼠咬坏；凡吃喝的食物，大都是老鼠吃剩下的；大白天，老鼠成群结队在院子里瞎晃；到了夜晚，则啃咬东西，吵吵闹闹，折腾得家人睡不成觉，四邻不安。①

同理，放纵所爱的人，不是真爱，而是害。古语说："惯子如杀子。"《三字经》上讲："养不教，父之过；教不严，师之惰。"

君子处世待人以宽容为原则，该严厉的时候，便严厉；该不妥协的时候，便不妥协。

宽容像是开在险峻高山上的花朵，远看美丽，却不容易得到。

首先，太主观的人难以做到宽容。

---

① 柳宗元《永某氏之鼠》。

太主观的人执着于己念，习惯于以自己的好恶衡量人与事。自己喜欢牡丹，便讨厌他人喜欢玫瑰；自己喜欢喝茶，看到喝酒的人就不顺眼；自己喜欢穿西装，看到有人穿中装心中就别扭。至于不同意见，更难容忍，因为对于他而言，他自己的主观意见是唯一的，永远是正确的。他已经用自己的主观意见塞满了心胸，其他任何不顺耳的话，都一律怼回。

这样的人在生活与工作中，习惯于横挑鼻子竖挑眼，看什么，什么别扭，闻什么，什么刺鼻。他搞得别人不爽，而自己也常装一肚子的闲气。

其次，无知而迷信的人难以做到宽容。

无知的人少见多怪，像蜀地长年生活在云雾中的狗，看到太阳都会撕咬狂叫。他们对不熟悉的人与事，不能理解；因不能理解，而产生轻视或恐惧；因轻视或恐惧，而排斥与抗拒。

多读书学习，能治疗这种狭隘；耐心听别人的意见，能治疗这种狭隘；认真了解一件事的来龙去脉再动感情，也能治疗这种狭隘。

无知容易产生迷信，而迷信往往又会加重无知。

无知的人一旦接受了某种教条，往往会将之当成真理而崇拜。他会用这种教条简单粗暴地去衡量一切：凡是符合教条的，他便拥护；凡是违背教条的，他便加以反对敌视。久而久之，他会因为自我封闭而变得更加无知。

世上的人千差万别，总免不了有无知者存在。无知者做不到宽容，君子则需要宽容无知者。有位西哲说：如果两个人吵架，错在那个比较聪明的人。

有一则小故事讲：孔子的弟子与一个愚昧的人发生了争执，

那个愚昧的人坚持说一年只有三个季节。

他们两人争得面红耳赤,谁也说不服谁,只得去找孔子裁判。

孔子听完他们的陈述,转头让弟子向那人认错,说:"你错了,一年确实不是四个季节,只有三个。"

那个愚昧者心满意足地走了,弟子却不理解。他问孔子:"一年明明有四个季节,夫子为什么要说三个?"

孔子微微一笑,答道:"蚂蚱春天生,秋天死,根本不知道一年中还有个冬季。你跟一个像蚂蚱般无知的人争辩,除了结怨,还能有什么结果?"

第三,小肚鸡肠的人难以做到宽容。

小肚鸡肠者的不宽容表现在两个方面。一方面,心眼小、太敏感,容易在小事小节上计较,常为一些鸡毛蒜皮的事而怀怒起怨。另一方面,喜欢记仇,爱钻牛角尖,习惯于在琐事上与人较劲,常把小恨小怨堆积于心间;有时还捡出一堆陈谷子烂芝麻,无限放大,一叶障目不见泰山,为了一点私怨而不顾大局。

有位文人说:世界上最宽阔的是海洋,比海洋更宽阔的是天空,比天空更宽阔的是人的胸怀。可这话完全可反过来讲:这世界上最为狭窄的地方是蜗牛角,比蜗牛角还狭窄的地方是针眼,比针眼更狭窄的地方是某些人的心胸。

《弟子规》给小肚鸡肠者开有一个小药方:"恩欲报,怨欲忘;报怨短,报恩长。"另外,还有一个灵验的小药方,叫:换位思考,体谅他人。

诸葛亮去世,蒋琬主政蜀国。有个叫杨戏的大臣性格孤僻,蒋琬与他说话,他只应不答。有人看不惯,对蒋琬嘀咕说:"杨戏对您如此怠慢,不成体统。"蒋琬不以为意,说:"人各有脾性,让杨戏当面赞扬我,那不合他的性格;让他当众反驳我,他会觉得我下不来台。所以,他只好不做声。这正是他为人的可贵之处。"

第四,嫉妒成性的人难以做到宽容。

嫉妒者不能容忍别人比自己优秀,不能容忍别人胜过自己,见到有比自己强的人,就烦躁焦虑,暗暗咬牙。可是这世上没有人能占尽各种别人不能企及的好处,也没有人能具备各种别人只能仰望的长处,即便是帝王与天才也难做到。因此,嫉妒者注定了永远心理不平衡,注定了心情长戚戚。

有则小寓言故事讲:有个爱嫉妒者遇见上帝。上帝说:我可以满足你的任何一个愿望,但前提是,你的邻居会得到双份的报酬。

那人听了狂喜不已,但转念一想:如果我得到一份田产,我邻居就会得到两份;如果我要一箱金子,我邻居就会得到两箱金子;我要一个美貌的老婆,我邻居就会白娶两个美女。他思来想去,最后心一横,对上帝乞求道:"哎,您还是挖我一只眼珠吧。"

第五,尖刻者很难做到宽容。

传说普罗米修斯创造人类时,在每个人的脖子上挂了两只口袋,一只装着别人的缺点,一只装着自己的缺点;装别人缺点的口袋挂在胸前,装自己缺点的口袋挂在背后。从此,人们总能看见别人的不足,而看不见自己的缺点。

尖刻者更是如此,他们惯于对自己无限宽容,不仅看不到自己的缺点,而且爱慕虚荣,即便知道了自己的缺点也羞于承认,不去正视,更不肯改正。但对待同僚、朋友、下属却苛求完美,总是挑他人的毛病。他们的嘴角总是带着几分轻蔑,容不下别人的任何过失与错误。

民谚劝这类人:"平生只会说人短,何不回头把己量?"

尖刻者不能容物,爱鸡蛋里挑骨头,难共事,也难成事。曹植诗言:

> 东海广且深,由卑下百川。
> 五岳虽高大,不逆垢与尘。①

第六,骄傲刚愎的人难以做到宽容。

这类人不能容纳异己,也不能容忍任何违逆行为。他们自高自大,权力欲强,总爱指手画脚,把自己的意志强加于人,而不管别人喜欢不喜欢,接受不接受。

有只海鸟落在鲁国城郊,鲁侯以为它是神鸟,令人捉住它,摆丰盛的宴席招待它,对它比对神还恭敬。但鸟儿惶恐不安,不吃不喝,三天便死了。

第七,私心过重的人难以做到宽容。

私心过重者,处处为自己谋划,眼中只有自己,没有别人;只有私家,没有公家。凡遇到有碍自己利益者,不管是因公还是因私,都心中暗滋仇怨,甚至一恨入骨,必欲报复而后快。

最后,过于要面子者难以做到宽容。

要面子,是一种自尊自爱。但过于要面子,则容易让人变得心胸狭隘。自尊心过强者,容不下别人一点点冒犯,被人斜眼看

---

① 曹植《当欲游南山行》。

一下，或被人用眼瞪一下，都会心生怨恨。

苏辙评论吕惠卿的为人，说："盖其凶悍猜忍如蝮蝎，万一复用，睚眦必报。"①

由以上八条可见，一个人要做到宽容，能"额上跑马，肚里撑船"，并不是一件容易的事。它不仅需要摆正态度，而且还应当去私欲，纠正褊狭性格，修养性情，让自己的一颗心光明中正，充满仁爱。

说到底，仁爱才是宽容的根。

君子能宽容别人的个性，是因为爱；君子能宽容无知的小人，是因为爱；君子能原谅别人的冒犯，能包容别人的过错，是因为爱；君子能尊重贤于己者、强于己者，是因为爱；君子能宽容不宽容者，也是因为爱。

同理，君子严厉地要求弟子，是因为爱之切；君子严格地要求下属，是因为爱之切；君子不宽容无心改过者，是一种不得已的大爱；君子惩恶罚罪，也是一种不得已的大爱。

对于君子而言，或宽或严，无非是为了施行仁爱，宽容是施行仁爱的基本原则，严厉是施行仁爱的辅助手段。成都武侯祠有一联语，谈到了宽与严的关系，说："不审势即宽严皆误，后来治蜀要深思。"

---

① 苏辙《论吕惠卿》。

第八节　君子以直报怨

　　有两个人存在的地方，就免不了有矛盾与摩擦。人只要聚集成群，就难免有争斗、欺凌、压迫的事情发生。而哪里有矛盾，哪里有争夺、欺凌、压迫，哪里就一定会产生仇怨。

　　仇怨是人类最为古老的感情之一，它和人类相伴而生，也必定伴随人类直到永远。即便有一天人类离开地球，移民到火星之上，人类也不可能摆脱它的纠缠。

　　人与人之间的仇怨有大有小：小者，称睚眦之怨、口角之怨；大者，有辱母夺妻之恨、杀父害兄之仇。

　　因此，仇怨也有等级，而且有显性与隐性之分。

　　显性的仇怨，表现在面上。小的级别，不过是不愿再答理对方；或者不愿听到对方的声音，不愿看到对方的样子，见了他就想躲开。再大一点的，是去与对方吵上一仗、打上一架。到了最大，那就是与对方不共戴天，这世上只要你存在，我就不能忍受。更严重者，甚至想食其肉、寝其皮。

　　隐性的仇怨，主要暗记在心里。它的级别与显性仇怨相似，但因为它不对外宣泄，所以容易积累。一个人一旦开始记恨某人，常常等于戴上了有色的眼镜，不管是对方有意的冒犯，还是无意无关的言行，往往都会被解读为恶意，而作为对方可恨的新证据，被一条条记在内心的小账簿上。某日如果有了机会，或者实在忍不下去，突然爆发出来，往往更具有破坏性，让对方莫名惊讶。

　　当然，也有些小的隐性仇怨，可能记着记着就被时间的风所吹散而忘记了。那当然谢天谢地。

遭人仇怨，意味着可能会遭人报复，从而使自己面临不可预知的危险。古语说：能不结怨不结怨，得饶人处且饶人。有首歌劝人："种瓜得瓜，种豆得豆；谁种下仇怨，谁自己遭殃。"

美酒佳肴，能给人以快乐；他乡逢故旧、金榜题名能给人以快乐；而报仇雪耻同样能给人带来快乐。快意恩仇对人的诱惑，丝毫不亚于洞房花烛对人的诱惑。

秦王嬴政的姥姥家在邯郸，秦王小时候在邯郸生活时，曾受到过不少欺凌。公元前228年，秦军灭赵国，攻克其首都邯郸。秦王闻报，屈尊疾驰而去，找到当初与他姥姥家有仇的那些人，将之全部活埋。

飞将军李广罢官失势，有一天夜里外出射猎，回经霸陵驿亭时，霸陵尉喝醉酒，故意羞辱他，强迫他在亭下住了一宿。李广恨得咬牙切齿，却一时也没办法。

过了不久，匈奴侵杀辽西太守，打败汉朝的边军，威胁右北平地区。武帝下诏启用李广，拜他为右北平太守。李广想到的第一件事，不是如何与匈奴作战，而是要报霸陵之辱。他请求朝廷让霸陵尉随他出征，而霸陵尉刚到军中报到，李广就斩了他。

但报仇有时需要付出代价，有些代价是物质上的，有些代价是身体上的，有些代价则关乎性命。

而且报仇往往会种下新的仇恨，报仇的一方痛快了，消掉了恨；但被报复的一方，却又产生了反作用的恨，也思报复，如此冤冤相报，旧仇新恨纠缠堆积，会成为难解的死结，种下无穷的麻烦。

所以，从纯功利的角度讲，报仇意味着双输，似乎是不明智的；但是从另一个角度讲，不报仇，会让当事人精神痛苦，甚至生不如死。套用海亚姆的一首诗说这个道理：

> 人道切莫报仇，以免遭到严惩；
> 否则总清算日可要受到火刑。
> 此言不虚，但为报仇者片刻幸福，
> 甘愿一举抛却彼世与今生。①

有德者悲天悯人，倡导冤仇宜解不宜结。还有些人，教导世人应通过以德报怨的方式，化解恼人的仇怨。

有人问孔子，如何才能做到以德报怨？孔子却反问他："如果对仇怨者报之以德，那么对恩人报什么呢？"

那人不能回答，孔子告诉他，以德报怨违背现实人性，根本行不通，只能："以直报怨，以德报德。"

以直报怨，就是本着恕道的原则，能不报复，尽量不报复；能小报复，尽量不大报复。但若应当报复，还是需要报复；应当报之以德，也便可以报之以德。

孔子这样说，也是不得已。人世间有些仇怨好解，有些仇怨难解，有些仇怨无解。

有些怨恨是误会造成的，当事双方本无多大的恶意，也都无意得罪对方，发生了矛盾之后都有悔意。这样的怨恨相对比较容易解，双方只要以合适的方式沟通一下，便能冰雪消融。

---

① 〔波斯〕欧玛尔·海亚姆《波斯哲理诗》，张鸿年译，文津出版社，1991年10月第1版。原诗：人道切莫饮酒，以免遭到严惩；否则总清算日可要受到火刑。此言不虚，但为饮者片刻幸福，甘愿一举抛却彼世与今生。

有些怨恨是一方冲动斗气造成的,如果受伤害的一方不与他正面冲突,忍一忍,让一让,等对方冷静下来,意识到自己的错误,矛盾也便慢慢没了。

蔺相如因为立功,受封为上卿,位在廉颇之上。廉颇很生气,扬言说:"我见相如,必辱之。"蔺相如听说后,有意躲避他。蔺相如的宾客认为他惧怕廉颇,感到羞耻,要求辞职。蔺相如问他:"公认为廉将军比秦王厉害吗?"宾客回答道:"不如秦王。"

蔺相如说:"秦王如此威严,我都敢当廷斥责他,羞辱他的群臣。相如虽无能,难道独畏廉将军吗?我躲他,是因为强秦之所以不敢加兵于赵者,在于赵国有我们两个人。如果我们两个相斗,赵国就危险了。"

廉颇听说后,大为惭愧,肉袒负荆至蔺相如门前谢罪,两人自此结为刎颈之交。

有些怨恨是主观推定对方具有恶意,或嫉妒对方造成的。这种情况下,如果受伤害的一方宽宏大度,以德报怨,向对方证明自己没有恶意,不会损害他的利益,那么不仅能有效化解仇怨,而且往往还能让对方羞惭,感恩戴德。

梁国大夫宋就,早年在边境地区担任县令,这个县和楚国相邻。梁国戍卒与楚国戍卒都在边境种瓜。梁国戍卒勤劳努力,精心浇灌瓜田,瓜长得好;楚国戍卒懒散,少浇灌瓜田,瓜长得不好。楚国县令看到梁国的瓜好,便怒责楚国戍卒。楚国戍卒迁怒于梁国的瓜,夜晚偷偷溜过边境,到梁国的瓜田中做手脚,致使梁国的瓜总是枯死。

梁国的戍卒发现了这件事,想偷偷前去报复,宋就不同意,反而教给他们一个办法，让他们每晚都派人过去，偷偷为楚国的瓜田浇水。

楚国的瓜一天比一天长得好。楚国戍卒感到奇怪，注意查看，才知是梁国戍卒所为。楚国县令听说这件事很高兴，忙报告给楚王。楚王忧愁又惭愧，告诉主管官吏说："调查一下那些到人家瓜田捣乱的人，他们莫非还有其他罪过？这是梁国人在暗中责备我们呀。"楚国为表示歉意，拿出丰厚的礼物送给宋就，并请求与梁王结交。①

但有些仇怨，不是受伤害者一方忍让或报之以德便能化解的。

有些小人怀着恶意欺人，你若忍让，他会视你为软弱之人，加重对你的欺凌；你若对他报之以德，他会认为你傻，变本加厉地侵犯你。

还有一类小人，仗着势大欺人。他有钱，用钱挤对你；他有权，用权给你亏吃；他力量大，用力量羞辱你。你愈忍让，他愈张狂。

"马善被人骑，人善被人欺"，指的就是遇到了这样的小人。这类小人喜欢欺凌弱者。别人窘迫痛苦，他们才感到快乐。

对这类小人，高明的报复办法是把怨恨转化为动力，奋发努力，以变得比他们强。小人欺软怕硬，害怕强者，你只要变得比他强了，不用主动报复，那么他看重钱，钱自会狠狠抽他的脸；他看重权，权自会让他膝盖发软；他看重力量，力量自会让他瑟瑟发抖。

---

① 刘向《新序·杂事第四》。

君子得志，对付伤害过自己的小人，上佳的方法是当面宽恕他们——与小人计较长短，不仅会自贬君子的身份，而且也有伤君子的形象与仁德。实际上君子成功本身，已是对小人最好的报复。

　　韩信早年，在家乡淮阴的闹市上，遭受到一个屠夫的胯下之辱。后来，他帮汉高祖打下江山，受封楚王。那个羞辱过他的屠夫听说后害怕得要死，但韩信找到他，不仅不报复，反而任命他为楚中尉。

　　对付这类小人次一等的方法，有两个字：一个字是躲，一个字是忍。君子不与无赖斗，能躲就躲，躲不开便忍。忍字心头一把刀，会令人痛苦，但忍字也是人间一大宝，能让人平安。

　　据说，寒山曾问拾得：

　　世间有人谤我，欺我，辱我，笑我，轻我，贱我，骗我，如何处治乎？

拾得和尚回答：

　　只要忍他，让他，避他，由他，耐他，敬他，不要理他，再过几年，你且看他。

　　当然，如果躲不开，忍不下，迫不得已的情况下，也可以本着有礼有节的原则，以眼还眼，以牙还牙。俗话说："打得一拳开，免得百拳来。"对于一些鄙视弱者的小人而言，只有表现得强一些、硬一些，他才会尊重你；如果碰巧对方还有点义气，或许能因打而成交。

如果对方过于强大，躲不开，忍不下，以牙还牙不明智。还有一个可试的办法，那就是学一学阿Q先生的精神胜利法，争取自我解脱。留得青山在，不愁没柴烧，生活总要继续，人有更多的社会责任需要承担，不能让私人仇怨绑架至毁灭。

另外，还有些怨仇太深太大，给人造成了严重的心理创伤，想解也难解。老子所谓："和大怨，必有余怨。"这类仇怨甚至大到成为人存在的唯一价值，此仇不报，整个人的存在都会失去意义，成为行尸走肉。

荆轲刺杀秦王失败，秦王发怒灭掉燕国，捕杀燕国太子丹的门客与荆轲的朋友。荆轲的朋友高渐离改换姓名潜逃，藏匿在赵国宋子城的一户人家里做佣工。一日，他听到主人堂上有人击筑，忍不住评价了几句。主人好奇，叫高渐离到堂前击筑。高渐离一曲击毕，客人们都纷纷叫好，主人亦赐酒赞赏。高渐离考虑到自己不可能永远藏匿下去，索性退下堂，取出自己匣中的筑，换上自己原先的衣服，端正容貌来到堂上。满座的客人见状大惊，无不离开座位对他施礼，尊为上宾。

秦始皇听说后，召他到咸阳。有人认出他是高渐离，但秦始皇爱惜他的音乐才能，赦免了他，熏瞎他的眼睛，让他击筑。

高渐离本不忍苟且偷生于人世，现又要侍奉仇人，心中怨恨难解。他偷偷把铅置于筑中，借给秦始皇击筑的机会，举筑砸向秦始皇。秦始皇机敏躲过，杀死高渐离，从此不敢再接近东方六国的人。

再者，君子"以直报怨"，应严格区分私怨与公仇。君子处世不可能毫无私怨，但临公事需忘私怨，不能以公权报私怨。同理，君子处世不可能不受人恩惠，但临公事需忘私惠，不因私惠而忘公仇。

徐锡麟刺杀安徽巡抚恩铭，起事失败被捕。审问的官员问他："恩铭是你恩师……你为什么这样毫无心肝？"

徐锡麟答："恩铭对我的确好，但那是私惠。而我杀他，是为天下的公愤。"

君子宽以待人，故少私怨；君子痛恨世间的恶人恶行，故多公仇。君子临私怨而谨慎若怯，临公仇则慷慨勇敢。

孟子曾讲过一个商汤为匹夫匹妇复仇的故事，大意是：

从前汤居住在亳地，与葛国为邻。葛伯放纵荒淫，不祭祀先祖。汤派人问他："为何不祭祀？"葛伯说："没有祭祀用的牲畜。"汤派人送给他牛羊。葛伯把牛羊吃了，还不祭祀。汤又派人问他："为何不祭祀？"葛伯说："没有祭祀用的谷物。"汤派亳地的民众去替他耕种，年老体弱的负责送饭。葛伯带人去抢酒肉饭菜，不肯给的就杀掉。有个孩子去送饭和肉，惨死在葛伯手中。汤愤怒了，要替孩子与其他民众复仇，所以起兵讨伐葛伯，灭了葛国。天下的人都说："汤不是贪图天下的财富，而是为老百姓报仇。"①

---

① 《孟子·滕文公下》。原文：汤居亳，与葛为邻，葛伯放而不祀。汤使人问之曰："何为不祀？"曰："无以供牺牲也。"汤使遗之牛羊。葛伯食之，又不以祀。汤又使人问之曰："何为不祀？"曰："无以供粢盛也。"汤使亳众往为之耕，老弱馈食。葛伯率其民，要其有酒食黍稻者夺之，不授者杀之。有童子以黍肉饷，杀而夺之。《书》曰："葛伯仇饷。"此之谓也。为其杀是童子而征之，四海之内皆曰："非富天下也，为匹夫匹妇复仇也。"

第四章　君子的为人处世之道

第一节　君子对鬼神的态度

有神论者与无神论者总是相互攻击诋毁。有神论者指责无神论者缺乏道德，狂悖残暴。培根说："无神论是可憎的。人性本来是脆弱的，而无神论更从根本上摧毁了人在内心中战胜邪恶的精神力量。"①

1983年，作家索尔仁尼琴在一次演讲时说："超过半世纪以前，我年纪还小的时候，已听过许多老人解释俄罗斯遭遇大灾难的原因：'人们忘记神，所以会这样。'"

无神论者则讽刺有神论者愚昧无知，以神的名义行恶。

有个网传的段子，讽刺有神论者说："历史统计，人类曾经创造出2870个神。所以当你们说你们信神的时候，我总要问：你们信的是哪一个神？所以归根结底，你们跟我是几乎一样的无神论者，我不信2870个神，你们不信2869个神。"②

美国理论物理学家史蒂芬·温伯格在一次演讲中说："宗教侮辱人的尊严，不管有没有宗教，善良的人还是会循规蹈矩，坏人总会干邪恶之事；但要善良的人做坏事，那只需让他信宗教。"

---

①〔英〕弗兰西斯·培根《培根人生论》，何新译，湖南文艺出版社，2012年7月第1版，第57、58页。

② 见知乎"是否存在鬼神"条。

君子遵从孔子的教导，对鬼神的态度，处在信与不信之间，如果用比例表示，大约四成信，六成不信，而且即便信，信得也通达。

　　君子不信神，是因为宇宙间无非是阴阳二气。二气奇妙变化，演变出种种奇特的自然现象，支配着万物生生灭灭，规定着万事万物之间复杂而有序的关系，而这一切最后会导向一个总的原因——天道神数。天道神数之外，不可能存在一个人格化的神。

　　《周易》说："阴阳不测之谓神。"① 又说："神也者，妙万物而为言者也。"②

　　君子不崇鬼，是因为鬼不过是阴气逆物而归，所谓"众生必死，死必归土，此之谓鬼"。③ 天地精气相聚为物，物衰老死亡，残余精气游离而出，成为鬼魂，慢慢被时间之风吹散。《周易》云："精气为物，游魂为变。"④

　　朱子说："鬼神只是气。屈伸往来者，气也，天地间无非气。人之气与天地之气常相接，无间断，人自不见。人心才动，必达于气，便与这屈伸往来者相感通，如卜筮之类，皆是心自有此物，只说你心上事，才动必应也。"

　　有人问："有人死而气不散者，何也？"

　　朱子答："他是不伏死。如自刑自害者，皆是未伏死，又更

---

① 《周易·系辞上传》。大意：阴阳矛盾变化而不可测定的叫作（微妙的）神。
② 《周易·说卦传》。大意：大自然的神奇造化，在于能够奇妙地化育万物。
③ 《礼记·祭义》。
④ 《周易·系辞上传》。大意：精气凝聚成为物形，气魂游散造成变化。

聚得这精神。安于死者便自无，何曾见尧舜做鬼来？"①

君子信鬼神则有三个原因。

第一个原因，从理上讲，阴阳相对，有生必有死，有阳世必有阴间，有生物必有鬼神。只是鬼神之事玄幽缥缈，人生有涯，宇宙无涯，人不可能用有限的人生，尽知无限的知识。况且，人也不能用有限的思维能力，认识超出人类理性范围的事与物。

鬼神不在六合的范围内，对它的存在与否，君子既不绝对肯定，也不绝对否定。庄子说："人世以外的事，圣人把它搁置下来而不加谈论。"②

所谓存而不论，就是不探究它，不亲近它，但也不否定它，不冒犯它。

孔子不言怪力乱神。樊迟问怎样对待鬼神算是智慧，孔子告诉他："务民之义，敬鬼神而远之，可谓知矣。"③

第二个原因，人类从心理上需要鬼神，鬼神的存在，对人是一种安慰。

人像一粒宇宙的尘埃，偶然而来，偶然而去，生命之火经过短暂的燃烧，便永远熄灭，化为灰烬，坠入无限虚无之中。这如果是人生的真相，那么这个真相无疑非常残酷，残酷得让人生变得毫无意义。

如果鬼神世界之存在，能给人生以希望与光亮，如果能让人感觉死去，并非是一切的结束，而不过是新的开始，那么，鬼神

---

① 《朱子语类·卷三鬼神》。
② 《庄子·内篇·齐物论》。原文：六合之外，圣人存而不论；六合之内，圣人论而不议。《春秋》经世先王之志，圣人议而不辩。
③ 《论语·雍也篇第六》。

对人生的意义，也就不亚于粮食对人生的意义。

君子如果为了显示自己的聪明，执着于追求所谓的真相，用理性之剑杀死所有鬼神，摧毁整个鬼神的世界，那不仅难以做到，而且也不道德。

当然，君子对鬼神的支持是有限度的，并不希望鬼神泛滥，影响到人的正常生活与工作。因此君子祭祀，只祭当祭与宜祭之鬼神。子云："非其鬼而祭之，谄也。"[①] 而且君子本身，并不迷于鬼神。

狄仁杰巡视江南，见吴楚之地鬼神祭祀滥乱，影响到了民生与民情，便上奏朝廷拆毁一千七百所庙祠，唯留夏禹、吴太伯、季札、伍员四祠。

朱子的家乡新安等地，鬼神崇拜的风气浓烈。其中有座五通庙，据说最为灵验，当地的居民外出，必先去拜祭而后行；当地的士人经过，也要把名字写在纸上，称"门生某人谒庙"。有一次朱子回家乡，家族中的人也强劝他前去拜祭，朱子讨厌迷信，坚决不去。

当夜，朱子与族人宴饮，怪异的事接连发生，比如酒里莫名其妙地落入灰尘，酒宴未完就开始肚子痛，而且还在台阶的旁边发现了一条蛇。

众人认为这是朱子不去拜谒五通庙所致，都劝他赶快去求鬼神饶恕，其中有个读书人，也劝他前往，说："也不过是从众。"

朱子很不高兴，他认为读圣贤书者，应当通达事理，不仅自己不迷信，而且要劝导民众不要过分迷信，所以拉下脸来，放重

[①]《论语·为政篇第二》。

话说："不意公亦有此语！某幸归此，去祖墓甚近。若那五通庙里的鬼神能为祸福，能让我死，那便把我葬在祖墓之旁也便是了！"又云："人做州郡，须去淫祠。"① 意思是：如果有机会为郡县官长，当制止民众过度迷信。

第三个原因，鬼神有助于教化。

圣人推行教化，因材施教：对于思辨能力强的人，可给他们讲道理；对于思辨能力弱的人，听不懂道理，唯有借鬼神之事说祸说福，才可让他们有所畏惧，弃恶从善。

范进的岳父胡屠夫，是个凶神恶煞的粗鲁人，平日里天不怕地不怕。范进高中举人，欢喜过猛，痰迷心窍，发了疯病。有人劝胡屠夫骂他一顿，打他一巴掌，吓他吐出那迷心窍的痰。

胡屠夫平日对范进想骂就骂，可现在却踌躇恐惧，说："虽然是我女婿，如今却做了老爷，就是天上的星宿。天上的星宿是打不得的！我听得斋公们说，打了天上的星宿，阎王爷就要拿去打一百铁棍，发在十八层地狱，永不得翻身。我却是不敢做这样的事！"

后来，他虽经不住众人劝说，一个大嘴巴搧醒了范进，却因害怕，"不觉那只手隐隐地疼将起来，自己看时，把个巴掌仰着，再也弯不过来。自己心里懊恼道：'果然天上文曲星是打不得的，而今菩萨计较起来了。'想一想，更疼得狠了，连忙问郎中讨了个膏药贴着"。②

吴承恩写神佛，蒲松龄聊鬼怪，并不是他们真相信有那样一

---

① 《朱子语类·卷三鬼神》。
② 吴敬梓《儒林外史》。

个鬼神之域真实存在。那满纸荒唐言背后，是他们借鬼神行教化的一颗仁心。

俗人敬鬼神，是为了与鬼神做交易，试图通过致敬或者贿赂的方式，从鬼神那里换来福佑。而君子不同，君子敬天地神灵，是畏神奇的造化之主与天命；谨慎祭祀，是顺人情而慎终追远；拜祠谒庙，是为了对先圣前贤表达崇敬之意。

西方宗教意义上的神，凌驾于万有之上。而中国意义上的鬼神，不管有没有人格，都不可能凌驾于天道之上。鬼神的世界，与人的世界有着共同的秩序与规则，只不过是一个属于阳，一个属于阴。

君子不惧鬼神，因为在君子看来，鬼神的存在，只能益人利世，不能害人妨事；利人的鬼神，是正义的；害人的鬼神，是邪恶的。邪恶的鬼神看似可怖，实际不值得畏惧，因为依照天道原则，邪不压正，人的正气，足以压制邪魔鬼怪。

古语骂鬼："你是已死我，我是未死你。"旧时过年，人家多贴横条：姜太公在此百无禁忌。

君子不沉溺于鬼神之事，修人事而听天命。

子路问如何侍奉鬼神，孔子答："未能事人，焉能事鬼？"子路又问死后的事，孔子回答："未知生，焉知死？"[①]

人事近而切，鬼神幽且远，生而为人，行于阳间，自应当尽心于人事；死若能为鬼，行于阴间，自应当尽心于鬼事。不孝不忠、阴险狡诈者，即便谄媚贿赂鬼神，鬼神也不会领情。活着的时候，如果能敬苍生，即便不拜鬼神，鬼神也不会怪罪。

---

① 《论语·先进篇第十一》。

古人言:"佛祖无奇,但作阴功不作孽;神仙有法,只生欢喜不生愁。"

心有邪念的人,招邪鬼;心有正念的人,邪鬼不侵;君子正气沛然,妖魔鬼怪无不畏惧躲避。西门豹治邺,不信河伯娶妇之邪,巧除勾结县吏害民的巫婆,废了滥祭河伯之俗。唐代诗人汪遵赞他:

> 花貌年年溺水滨,俗传河伯娶生人。
> 自从明宰投巫后,直至如今鬼不神。[1]

曾国藩说:"若作人不苟,办事不错,百姓赖之,远近服之,则神必鉴之佑之,胜于烧香酬愿多矣。"[2]

第二节 君子对事业的态度

有位讲成功学的达人,曾用这样一句话概括现代成功学的精髓:"要成功,先发疯,头脑简单往前冲!"

现代成功学所定义的事业成功标准主要有两个,一个是富,一个是贵。简单地说,就是发了财的,算成功;掌握了权势的,算成功。

但这种成功观有四个方面的问题。

其一,用任何手段富了贵了,都算成功吗?

---

[1] 汪遵《西河》。
[2] 《曾文正公全集·四批牍卷二》。

小人认为是这样，故坊间有"笑贫不笑娼"之说。

君子认为不是这样，圣人说："富与贵，是人之所欲也；不以其道得之，不处也。贫与贱，是人之所恶也；不以其道得之，不去也。"① 又说："不义而富且贵，于我如浮云。"②

搞传销培训的人，通过把富与贵定义为人生唯一的意义，而将所有实现富与贵的手段神圣化——一切忽悠、骗术，以及其他为常人所不齿的行为，只要有助于成功，且能避开法律的惩罚，都值得肯定、赞许。

君子追求事业的成功，奋发向上，自强不息，但不会不顾一切，为成功而成功；而是有所为，有所不为。如果外在的环境允许君子建功立业，君子却不能建功立业，则是一种耻辱；如果外在的环境污浊黑暗，君子为追求事业的成功，去同流合污，也是一种耻辱。

孔子赞扬蘧伯玉，说："君子哉蘧伯玉！邦有道，则仕；邦无道，则可卷而怀之。"③

其二，富了、贵了就算成功了吗？

小人认为是这样。他们认为人就是动物，动物岂不是以追求丰盛的食物及在群体中的权力地位为终生奋斗的目标吗？

但君子不这样认为。君子认为人高于动物，当然有高于动物的追求。实际上，富与贵虽然诱人，却既非人生的终极目标，也非人生的唯一目标。古人讲完美的人生有"五福"——一曰寿，

---

① 《论语·里仁篇第四》。
② 《论语·述而篇第七》。
③ 《论语·卫灵公篇第十五》。大意：蘧伯玉真是君子啊！国家政治清明，他就从政；国家政治昏乱，他就收其锋芒。

二曰富,三曰康宁,四曰攸好德,五曰考终命。① 富贵不过是五福之一。

富贵而寿命短,不算有福。

富贵而身体不健康,精神疚惧不安,不算有福。

富贵而没有德行,得不到尊重,受人讨厌嫉恨,不算有福。

富贵而胡作非为,不得善终,不算有福。

君子即便不能大富大贵,只要能做到长寿、健康安宁、受人尊重、寿终正寝,也算是取得了人生的成功。

陶渊明不为五斗米折腰,甘愿退隐而守贫贱;僧人们舍去钱财地位而遁入空门,甘过清贫的修行生活,不是他们呆痴,而是因为他们在不能兼得的情况下,只能牺牲物质上的满足,而换取其他人生之福。

文天祥不接受元人高官厚禄诱劝,甘愿受戮。他失去了获取富贵的机会,却得到了尊重;他遭受了身体的痛楚,却得到了精神的安宁。他临终时留下衣带赞,说:

> 孔曰成仁,孟曰取义,惟其义尽,所以仁至。
> 读圣贤书,所学何事?而今而后,庶几无愧!②

文天祥年仅四十七岁,便失去生命,看似不寿,实则大寿。

人生有三个生命,一个是肉体的生命,一个是亲友记忆中的生命,三是活在史书中的生命。文天祥一片丹心照汗青,他以注

---

① 《尚书·洪范》。大意:五种幸福,一为长寿,二为富贵,三为健康安宁,四为喜好美德,五为老而善终。

② 《宋史·文天祥传》。

定要与草木同腐的肉体生命，换取了不朽的史书生命，岂不大寿？

美国哲学家詹姆士讲："不朽，是人的伟大的精神需要之一。"鲁襄公二十四年，鲁国的叔孙豹去晋国访问。范宣子问他何谓"死而不朽"？叔孙豹告诉他："太上有立德，其次有立功，其次有立言。虽久不废，此之谓不朽。"①

其三，发了疯，不顾一切向前冲，就一定能实现发财升官的目标吗？

打了鸡血的人或许这样认为，但君子不这样认为。因为一个人事业成功，需要许多条件支撑，诸如学识、经验、技能、人脉、家庭、财产等。努力奋斗虽然极端重要，却也只是其中的条件之一。而且，人的成功与否，还摆脱不了命运之神的支配。一个人不管怎样努力，假如倒了霉运，也很难成功。古语说："谋事在人，成事在天。"个人努力只不过是尽人事，是否能够成功还要看天意。

其四，一个人拼尽全力奋斗了，如果终不能事业成功，该如何应对？

小人如果奋斗无果，会垂头丧气，对人生悲观失望，自暴自弃；而对社会则满怀怨恨，放弃自己该负的责任，无所不为。故孔子说："小人穷斯滥矣。"②

君子努力奋斗是为了行道义，尽人事，即便失败，也不怨天

---

① 《左传·襄公二十四年》。大意：最上等的是树立德行，次一等的是建立功业，再次一等的是树立言论。虽然死去很久但业绩长存，这种叫作不朽。

② 《论语·卫灵公篇第十五》。大意：小人一旦遭遇困厄，容易干出越轨甚至违法的事情。

尤人，该孝敬父母，还是努力孝敬父母；该友爱兄弟，还是努力友爱兄弟；而且能够保持平静乐观，在困境中嚼菜根，也能享受人生的滋味。

孔子赞扬事业不成功的颜回，说："贤哉，回也！一箪食，一瓢饮，在陋巷，人不堪其忧，回也不改其乐。贤哉，回也！"①

同理，小人如果事业成功，便会趾高气扬，骄傲狂妄，目空一切。《红楼梦》中有个小人，名叫孙绍祖，贾府的迎春嫁他，曹雪芹给迎春写判词说："子系中山狼，得志便猖狂。金闺花柳质，一载赴黄粱。"②

君子与小人相反，事业做得越大，往往愈加谦逊戒惧。

据说，孔子的祖先正考父，受到宋国君主的赏识，但他每接受一次提拔重用，都会愈加谦恭。他家的鼎上刻有这样的铭文："第一次任命，他欠身前倾；第二次任命，他弯腰鞠躬；第三次任命，他俯下身子。他靠着墙根走，也没有人敢欺侮他。在这个鼎里煮稠粥，煮稀粥，用来糊口。"③

程颢诗云："富贵不淫贫贱乐，男儿到此是豪雄。"④

罗马诗人贺拉斯说：

穿着破衣毫不在乎，
穿着华服毫无骄气，

---

① 《论语·雍也篇第六》。
② 曹雪芹《红楼梦》。
③ 《孔子家语·观周第十一》。原文：一命而偻，再命而伛，三命而俯。循墙而走，亦莫余敢侮。饘于是，鬻于是，以糊余口。
④ 程颢《秋日偶成》。

贫富皆潇洒的人让我赞美。

小人追求事业的成功，是为人前人后炫耀，及满足自己的私欲。而若他们成功，财富多到一定程度，各种愿望基本满足了，他们要么会陷入迷茫，失去继续奋斗的动力；要么只得放纵嗜欲，去寻找低级的刺激，以证明自己还存在着。

因此，事业的成功，对于小人来说未必是一件好事。它可能会毁掉一个人，也可能会把一个平凡的人变成一个坏人。

君子追求事业的成功，既是为了满足自己及家庭的基本生活需要，更是为了行道义，所以永远不会迷茫，而且愈成功，愈有利于自己的人生，以及他人与社会。

唐代诗人苏拯以春蚕与蜘蛛为喻，比附为事业而努力奋斗的君子与小人。

> 春蚕吐出丝，济世功不绝。
> 蜘蛛吐出丝，飞虫成聚血。
> 蚕丝何专利？尔丝何专孽？
> 映日张网罗，遮天亦何别？
> 倪居要地门，害物可堪说？
> 网成虽福己，网败还祸尔。
> 小人与君子，利害一如此。①

孟子教宋勾践（亦作"宋句践"）如何正确地对待事业成败，

---

① 苏拯《蜘蛛谕》。

说:"你喜好游说各国的君主吗?我告诉你游说的正确态度——成功了安详自得,不成功也安详自得。"

宋勾践问:"怎样才能达到那种境界呢?"

孟子回答:"只要尊道德,崇仁义,便可以做到。所以说,士人在事业失败时,不能失去仁义;在事业显达时,不能背离道德。穷困时不失去仁义,故能安详自得;显达时不背离道德,故能使百姓不失望。古代的人,得志时施恩惠于百姓;不得志时修养自身,给世俗立范。所谓:穷则独善其身,达则兼善天下。"①

第三节 君子对金钱的态度

金钱是人类最为伟大的发明之一,它对人类社会进步的贡献,并不亚于火的应用。

在实现了社会化分工的社会,人要生存,离不开财富的象征物——金钱。因为用金钱,可以购买果腹的食物、御寒的衣服、代步的车马,以及他人无微不至的服务。

西晋有个叫鲁褒的士人,称金钱为神物。大意是:

"金钱没有地位却受人尊重,没有势力却那么红火;可

---

① 《孟子·尽心上》。原文:

孟子谓宋勾践曰:"子好游乎?吾语子游:人知之,亦嚣嚣;人不知,亦嚣嚣。"

曰:"何如斯可以嚣嚣矣?"

曰:"尊德乐义,则可以嚣嚣矣。故士穷不失义,达不离道。穷不失义,故士得己焉;达不离道,故民不失望焉。古之人,得志,泽加于民;不得志,修身见于世。穷则独善其身,达则兼善天下。"

助人推开权贵之门，直入官廷；可使人危而转安，死而转活；可使贵者变贱，使生者遭受杀身之祸。所以和人打官司，没钱不能取胜；势单力薄、没有出仕的人，没钱就不会被提拔；有了怨仇忿恨，没钱难以化解；好的名声，没钱难以传播。"①

有钱可使人安逸，可使人气壮，可使人获得自由。没有金钱，会让人遭受肉体上的痛苦——忍饥受饿、叹暑吁寒，病痛不能医，劳疲不得息；而且还会让人遭受精神上的折磨——志不得骋、父母妻子不能养活、遭亲友白眼、受世人嘲讽羞辱。

浅薄的人羡慕乞丐自由自在，岂不知看似自由的乞丐，永远处在一个暴戾奴隶主的控制之下，即便在睡梦中都得不到片刻自由。这个可恶的奴隶主便是肠胃。

贫穷者受肠胃的驱使，不得不四处寻求食物；受敏感肌肤的驱使，不得不花尽心思寻求衣物与避寒之所，故很难做到不焦虑、无愁怨。

孔子曰："贫而无怨难，富而无骄易。"② 诚斯谓也。

犹太人有句格言："圣经放射光明，金钱散发温暖。"

太史公叹息说："'天下熙熙，皆为利来；天下攘攘，皆为利往。'夫千乘之王，万家之侯，百室之君，尚犹患贫，而况匹夫编户之民乎！"③

培根说：

---

① 鲁褒《钱神论》。
② 《论语·宪问篇第十四》。
③ 司马迁《史记·货殖列传》。

不要信任那些自称蔑视财富的人，因为他们之所以蔑视财富，也许只是因为他们没有财富。假若他们一旦搞到钱财的话，恐怕没有人比他们更敬奉财神了。①

事实上，蔑视财富者往往还有另一种人，他们有足够的金钱，完全可以不为贫穷担心。王衍位高权重，家中富有，但他自命清高，口里从不提"钱"字。有一次，他老婆想试探一下，便趁王衍熟睡之时，让仆人绕其身垒一大圈钱。王衍醒来见状，高呼仆人拿走"阿堵物"，始终不言钱。②

君子不讨厌金钱，也不羞于追求金钱，只是求之有道，不会不择手段。孔子云：

富而可求也，虽执鞭之士，吾亦为之。如不可求，从吾所好。③

美国作家纳·霍桑说："金钱并不像平常所说的那样，是一切邪恶的根源；唯有对金钱的贪欲，即对金钱过分的、自私的、贪婪的追求，才是一切邪恶的根源。"

小人沉溺于物欲，认为有钱就有一切，所以会不择手段追逐财富。君子以追求真理与正义为理想，以最大限度实现人生的幸

---

① 〔英〕弗兰西斯·培根《培根人生论》，何新译，湖南文艺出版社，2012年7月第1版，第118页。
② 《世说新语·规箴第十》。
③ 《论语·述而篇第七》。

福为目标，视钱财为求道润身的工具，所以不会因钱财而害道，亦不会因钱财而损身。

孔门弟子原宪事业不顺，退居在卫国的陋巷之中，住的房子破烂不堪，吃的饭菜粗而寡淡。他的同学子贡事业成功，做了卫国的上大夫，华衣盛马，前去探望。原宪戴着破帽子，衣衫褴褛出门相迎。子贡见他面有菜色，关切地问："先生是不是生病了？"原宪回答："我听说，无财谓之贫，学道而不能行谓之病。我没有病，只不过穷而已。"①

小人欲令智昏，为了钱财命都可以不要；君子惜身体，敬畏生命，不愿为了钱财而损害健康，更不会以命博财。《大学》云："仁者以财发身，不仁者以身发财。"

有个颇得道家精神的现代商人讲过一段有趣的话，大意为：如果把香蕉和钱放在猴子面前，猴子会选择香蕉，因为猴子不知道钱可以买很多香蕉。在现实中，如果把钱和健康放在人面前，人们往往会选择钱，因为大多数的人不知道健康可以换来更多的钱和幸福。

孔子认为，君子求财的最佳选择是入仕求禄。他说：

> 君子谋求仁道不谋求衣食。去从事农耕，虽然能得到养活肉体的食物，但心灵的饥渴却没法满足；学而入仕，既能得到满足心灵的知识，还能得到满足生活的俸禄。君子更担忧心灵的匮乏，而不担忧物质上的贫穷。②

---

① 《韩诗外传·卷一》。
② 《论语·卫灵公篇第十五》。原文：子曰："君子谋道不谋食。耕也，馁在其中矣；学也，禄在其中矣。君子忧道不忧贫。"

然而，并不是所有君子都有条件与机会进入仕途。有些君子不能食俸禄，需通过其他手段谋生。

太史公说："夫用贫求富，农不如工，工不如商。"①

可对于君子而言，无论务农、做工、经商都不过是润身及行道的手段，一切随缘，当耕田则认真努力耕田，当打工则认真努力打工，当经商则认真努力经商。

周人白圭视经商为仁术——赚钱不是为了满足私欲，而是要得到一种行仁爱的工具。他家财万贯，却"能薄饮食，忍嗜欲，节衣服，与用事僮仆同苦乐"。有人想跟从白圭学习挣钱之术，白圭开出四个条件说：

> 其智不足与权变，勇不足以决断，仁不能以取予，强不能有所守，虽欲学吾术，终不告之矣。②

在现实生活中，君子因为尊重规则，不愿拼尽性命求取钱财，所以在生意场上与不择手段的小人竞争时，犹如戴着锁链跳舞，常常不占优势。

但从另一个角度看，君子虽然比不上小人富有，但生活质量往往比小人高。毕竟，通过不义手段得来的钱财，犹如藏在床底

---

① 司马迁《史记·货殖列传》。大意：说起来，以贫求富，务农不如做工，做工不如经商。

② 司马迁《史记·货殖列传》。大意：如果一个人的智慧不足以随机应变，勇气不足以果敢决断，仁德不能正确取舍，强健不能有所坚守，那么即便他要学习我的经营之术，我也不会告诉他的。

的魔鬼，常会半夜跑出来折磨人，让人心惊胆战，紧张兮兮。

而且从长远看，在生意场上，君子的成功往往比小人要大、要持久。因为通过不义手段得来的钱财，犹如建在沙滩上的房子，经不住海浪的冲打。

不义得来的钱财能让人头脑发昏，忘乎所以；而且它还能惹人嫉恨，招人算计。人皆知道钱财能让人脱危解困，给生活涂上甜蜜，却常常忘了，钱财同样能给人带来灾祸。历史上被贫穷毁掉的人不少，被钱财毁掉的人更多。

石崇任荆州刺史时，靠劫掠富商而发了横财。他建金谷园，穷奢极欲，有一次与晋武帝的舅父王恺斗富。王恺用糖水洗锅，石崇便用蜡烛当柴烧。王恺用赤石脂涂墙壁，石崇便用花椒粉刷墙。

晋武帝暗助王恺一棵两尺高的珊瑚树，王恺拿给石崇看。石崇当即用铁如意将之击碎，命下人把家藏的珊瑚树拿出来。这些珊瑚树高三尺、四尺，光耀夺目，都超过王恺的那株。

永康元年（公元300年），赵王司马伦发动政变，执掌朝纲。司马伦的党羽孙秀派人去石崇家索要美女绿珠，石崇不给。孙秀怀恨，假借皇帝的诏命派人去逮捕石崇。

石崇正在楼上宴饮，见甲士到了门前，便对绿珠说："今天我为了你而惹祸。"绿珠哭道："我当以死报君。"便跳楼而死。

石崇开始并不惊慌，对宾客说："他们不过要把我流放到交趾、广州罢了。"直到被装入囚车拉到东市，石崇才害怕起来，叹息道："这些奴才想图我的家产啊！"押他的人说："知道是家财害了你，为何不早点把它散掉呢！"石崇无法回答。

有首《题钱》的诗文云：

人为你跋山渡海，人为你觅虎寻豹，人为你把命倾，人为你将身卖，细思量多少伤怀，铜臭明知是祸胎，吃紧处极难布摆。

人为你亏行损德，人为你断义辜恩，人为你失孝廉，人为你忘忠信，细思量多少不仁，铜臭明知是祸根，一个个将他务本。

人为你东奔西走，人为你跨马行舟，人为你一世忙，人为你双眉皱，细思量多少闲愁，铜臭明知是祸由，每日家蝇营狗苟。

人为你惹烦招恼，人为你梦扰魂劳，人为你易大节，人为你伤名教，细思量多少英豪，铜臭明知是祸苗，一个个因他丧了。

轻易得到的钱财，来得容易，去得往往也容易。不是用汗水与辛勤换来的钱财，人们一般不会珍惜。俗话说"崽卖爷田不心疼"，讲的就是这个道理。

君子不慕浮财，求取钱财以两个字为诀窍：一个字是勤，另一个字是俭。勤能开源，俭能节流。勤可养志，俭可养德。克勤克俭，财富与德行就能完美结合。上苍总会奖励勤奋的人，总会保佑节俭的人。

明代的周怡在《勉谕儿辈》中说：

由俭入奢易，由奢入俭难。饮食衣服，若思得之艰难，不敢轻易费用。酒肉一餐，可办粗饭几日；纱绢一匹，可办粗衣几件；不馋不寒足矣，何必图好吃好着？常将有日思无日，莫待无时思有时，则子子孙孙常享温饱矣。

俭，不等于吝啬。俭者，把钱财当成修德行善的工具，所以是富有的；而吝啬者，即便拥有家财万贯，也永远是个穷人。

古代有个吝啬的富人，忽得疾病，医生给他诊脉，说："脉气虚弱，宜用人参培补。"这病人闻听，惊视医生说："我家缺钱，恐怕只能听天由命了。"医生退而求其次，说："如果不用人参，须用熟地代之，熟地的价钱比较贱。"这个病人仍旧摇头，说："还是花费太过，不如死了。"医生知道他十分吝啬，便哄骗他说："另外还有一个治病的法子，就是用干狗屎调一二文钱的红糖服用，也可以滋补身体。"病人听了高兴地跳起来问："不知光吃狗屎这一味能否治好病？"[①]

贺拉斯说："钱财能为人服务，也能把人奴役。"

做钱财的主人，即便钱财不够多，也能得到幸福。因为人真正对物质的需求并不是很多，饿了不过饭两碗，渴了不过茶一壶，困了不过床一张。所谓："良田万顷，日食一升；广厦千间，夜眠七尺。"

做钱财的奴隶，即便钱财再多也难得到幸福。被糖汁粘住的蚊蝇，看似是在甜蜜中舞蹈，实际却是在痛苦中挣扎。贺拉斯则把金钱比喻为海水，说它不仅苦涩，而且"喝得越多，就越感到渴"。

---

① 《笑林广记·贪吝部》。

第四节　君子对学习的态度

学习，可以说是君子的第二天性。

《论语》开篇便劝学，说："学而时习之，不亦说乎？"荀子云："不登高山，不知天之高也；不临深溪，不知地之厚也；不闻先王之遗言，不知学问之大也。"又言："吾尝终日而思矣，不如须臾之所学也。"[1]

盲者师旷是荷马一样的传奇人物。有一次，晋平公问他："我七十岁了，想学习，恐怕已晚了吧！"

师旷答："为何不点蜡烛？"

晋平公听他答得没头没脑，不高兴地说："哪有臣子戏弄人主的？"

师旷说："盲臣怎敢戏弄君主啊！臣听说，年少而好学，有如初升的阳光；壮年而好学，有如正午的阳光；年老而好学，有如点燃蜡烛所发出的光亮。点燃蜡烛发出光亮，与在昏暗中行走相比，哪一个更强呢？"[2]

晋平公说："讲得好啊！"

学习，可以说是人世间第一等捡便宜的事情——前人及优秀

---

[1]　《荀子·劝学》。

[2]　刘向《说苑·建本》。原文：晋平公问于师旷曰："吾年七十，欲学，恐已暮矣！"师旷曰："何不炳烛乎？"平公曰："安有为人臣而戏其君乎？"师旷曰："盲臣安敢戏其君乎！臣闻之，少而好学，如日出之阳；壮而好学，如日中之光；老而好学，如炳烛之明。炳烛之明，孰与昧行乎？"平公曰："善哉！"

的同辈辛苦积累下来的知识、经验及人生智慧，我们只需要捧起书本，付出很小的成本就能得到。

牛顿把学习看成是攀上巨人的肩膀，说："如果说我看得更远一点的话，是因为我站在巨人的肩膀上。"庄子则以戏谑的口吻说，善于学习的儒者相当于盗墓贼，专从前人的口中盗取明珠宝物。

金庸笔下的虚竹小和尚，原本武功粗浅，因机缘巧合破解了苏星河的珍珑棋局，被逍遥派掌门无崖子收为关门弟子。无崖子将自己修炼了七十余年的内力，直接注入虚竹体内，使他一跃超越同辈，得入江湖顶级高手之列。

聪明的人知道学习的重要性，会自动向学；一般的人懵懵懂懂，需要别人督促着去学；圣贤不仅自己学习，还积极劝别人学习。

颜真卿写《劝学》诗云：

三更灯火五更鸡，正是男儿读书时。
黑发不知勤学早，白首方悔读书迟。

朱子《劝学》诗说：

少年易老学难成，一寸光阴不可轻。
未觉池塘春草梦，阶前梧叶已秋声。

人类揖别猿猴群体，能够进步到信息化时代，实拜善于学习所赐。

学与习，本是一事。学，是继承效法；习，是练习应用。学习，就是把别人的知识、经验、智慧，变为自己实实在在的收获。

但在现实生活中，学与习又常被分成两件事。

有的人学习，只是机械地往大脑中装知识，满足于做一个知识的仓库，却不晓得用理解力与判断力，让这些死知识活起来，为己所用。孔子说这类人："诵《诗》三百，授之以政，不达；使于四方，不能专对。虽多，亦奚以为？"①

有的人学习知识，仅仅满足于向人炫耀，当作谈资。犹如一些收藏者，辛辛苦苦收藏了许多乱七八糟的物件，却没有一件可以拿来变现，或者用以实务。

有的人学习，迷在学问里边不能出来。蒙田讽刺这类人像是向邻居家借火者，看到人家炉火正旺，便留在那里烤火，而忘了借火种回家点灯做饭这件事。

有的人学习，学什么迷信什么，不能用自己独立的思想去分真伪、辨是非，只是教条地把书本中的知识与观点，拿到现实中僵化地予以应用。孟子深知这类迂腐者的毛病，感慨地说："尽信《书》，则不如无《书》。"②

不善学者，只是知识的保管者，不会用知识解决现实问题，所谓学而不能习；善学者，能把学来的知识，变成自己身心的一部分，根据现实情况灵活应用。

另外，颜之推在他的家训中，还批评过三种情况的学习。

有的人学习，一味求渊博，而不能运用自己的理解力与判断力，让琳琅满目的知识变得有条理、有层次。颜之推说这类人：

---

① 《论语·子路篇第十三》。
② 《孟子·尽心下》。

"问他一句,他能答出几百句;但若问他话中的主旨,却不得要领。邺下谚语云:'博士买驴,书券三纸,未有驴字。'"

还有一些人学习,一味求专,而忽视博学,结果导致眼界狭窄。魏收在议曹时,与博士们讨论宗庙之事,引《汉书》为根据。博士们嘲笑他说:"没听说《汉书》可验证经学。"魏收生气,一句话也不再说,把《汉书》中的《韦玄成传》扔给他们,扬长而去。博士们花了一个晚上翻阅此书,到第二天早上,向魏收道歉说:"想不到韦玄成还有这等学问。"

更有一些人学习,是为了借知识欺人。颜之推说:"我见有人读了几十卷书,便自高自大,冒犯长者,轻慢地位相同之人。大家憎恶他如同憎恶仇敌,讨厌他如同讨厌猫头鹰。这般因学习而给自己带来损害的,还不如不学。"[1]

学习与读书是一回事,也不是一回事。

学习,需要读书,但也可以不用读书。有些人不识字,不读书,但照样善于学习,能做到世事洞明、人情练达、技艺精湛。有句广为流传的格言,说:

  告诉我,我容易忘记;
  做给我看,我能记住;
  启发我,我能理解。
  让我亲自参与,我能深刻理解。
  应用到工作生活中,我才能真正掌握。

---

[1] 颜之推《颜氏家训·勉学第八》。原文:见人读数十卷书,便自高大,凌忽长者,轻慢同列。人疾之如仇敌,恶之如鸱枭。如此以学自损,不如无学也。

读书，不一定是学习。有些人读书只是求娱乐，消磨时光，读得再多，也无益于德性、学问及事业，不过是浪费时间。有些书有毒，如果不加选择盲目去读，不仅无益于人，甚至还会读坏人的心肠，把一个健康正常的人，变成疯子或恶人。

但是，读书无疑是学习的一种最为重要的手段。好的师友，可遇而不可求；人于事上磨炼，鉴于时间精力及客观条件的限制，所能学的范围比较狭窄；唯有读书，能突破古今、空间的限制，可以用最低的成本，随时随地去读。

三国时的学者董遇，对《老子》《左传》深有研究，有人想跟他学习，董遇劝其打好基础再来，告诉他说："必须回去先把书读上百遍。"

那人答："苦于没有时间。"

董遇心中暗笑，一个读书都没时间的人，怎可能有时间登门学习？所以便告诉他，读书最不占用时间，只需用"三余"就可以了。那人问什么是"三余"，董遇说："冬者岁之余，夜者日之余，阴雨者时之余也。"

学习，可分上达之学与下行之学。上达之学可通天道性命，下行之学可通人事日用。

学习，又可分为无用之学与有用之学。无用之学利人的精神，有用之学助人功用。所谓："学习就如同种树，春天赏它的花，秋天摘它的果。讲论文章，好比观赏春花；修身利行，好比摘取秋果。"[①]

---

① 颜之推《颜氏家训·勉学第八》。原文：夫学者犹种树也，春玩其华，秋登其实。讲论文章，春华也；修身利行，秋实也。

学习，还可分为成人之学与成才之学。成人之学尊德性，学习如何正确为人处世、如何完善人生，以健全人的心灵为要旨；成才之学重知识，学习之目的是为了广博见闻、知通巧术、掌握技艺，以增加人的力量。

上达尊德性的学问，圣人可以生而知之，普通人只能学而知之，《三字经》云："玉不琢，不成器；人不学，不知义。"

下达重知识的学问，圣人不能生而知之，也需学而后知，故"子入太庙，每事问"。普通人更是如此，几乎不学一事，便不知一事。

学习的目的，概括起来大约有三条。

第一条，修身养性，立德；第二条，继承发扬前人的学问，立言；第三条，应用到现实中，解决实际问题，立功。

吴主孙权对吕蒙说："卿手握权柄，执掌政事，不可不读书学习。"吕蒙辩解说，军中事务繁忙，没时间读书学习。孙权说："孤岂是让你研究经书，去当博士学者？只不过希望你涉猎经史，学习前人处世做事的经验罢了。你言军务忙，难道比我更忙？我常常读书，自认为大有收获。"

孙权让吕蒙读书学习，主要是想让他立功。后来，鲁肃路过寻阳，跟吕蒙谈论，不由大吃一惊，说："卿今者才略，非复吴下阿蒙！"

学习在现实中是分等级的，尊德性与研究哲学最高；学知识与文学次之；学艺与术又次；学单纯的技能最低，低到不能称为学习，只能称为培训。

网上流传一个"学者与渔夫"的故事，大意是：

有个学者坐船过河，学者问渔夫可懂文学，渔夫回答不懂。

学者说，很遗憾，你等于失了一半生命。学者又问渔夫，你可懂数学？渔夫说不懂。学者说，很遗憾，你失去了另一半生命。

一阵狂风刮来，船翻了，两个人掉到了水里。渔夫问狼狈挣扎的学者可会游泳，学者回答说不会。渔夫说，那完了，你将失去整个生命。

这个故事的寓意是：君子为学不应偏废，修身、问学之事固然重要，但也不要轻视实用的技巧。

第五节　君子的为政之道

有一种从西方舶来的观念认为：政治是肮脏的。尼采甚至说："政治是女人的阴部。"

这种观念与中国传统的观念正好相反。依照中国传统的观念，政治管理与服务众人，是大人之事，不仅不肮脏，而且光明伟正，是人世间最为高尚的职业，只有君子与贤人才有资格参与。

西方人说政治肮脏，其实针对的是选举政治。选举政治的特点是：把从政者当仆人，并且预先假定这个仆人是小人。按照选举政治的逻辑，仆人代表主人（某一部分选民）参与政治游戏，在政坛上为主人争取利益，或者代表主人与他人做交易，以换取主人的支持。

这些从政者没有主体性，只是代理商，其职业本质是通过政治游戏狡诈地赚取佣金，所以又称为政治掮客，简称政客。政客眼中只有利益与权力，没有公义，这是他们的职业性质使然，即便有正义感的人参与其中，也很容易被染黑。

当然，这并非说在选举政治的条件下，没有坚持道义的政治家；只是这样的政治家较难存在，不是政坛的主流。

儒家讲从政光荣，针对的是贤能政治而言。贤能政治的特点，是要把人群中最有道德、最有学识、最有才华的精英人物选拔出来，让他们从事管理众人之事。《尚书》上讲：

野无遗贤，万邦咸宁。①

可在现实中，有才能的人未必有道德；有道德的人，也未必有才能。

而怎样才能保证有才能的人尽量有道德呢？最好的办法，是让他们学习往圣先贤留下来的经典，以最大限度把聪明的才子能人培养成君子。

而怎样才能保证有道德的人尽量有才能呢？最好的办法，也是让他们学习往圣先贤留下来的经典，让他们掌握往圣先贤的处世智慧、从政经验及做事技巧，以最大限度把他们培养成有学识、有才能的人。

科举考试，就是基于这种考量而做的一种制度性安排。

贤能政治条件下的从政者，从理论上讲，以行道义为己任，上致君于尧舜，下安黎民百姓，从而让社会秩序井然、人民富庶安康。

孔子教导季康子，说：

政者，正也。子帅以正，孰敢不正？②

---

① 《尚书·大禹谟》。
② 《论语·颜渊篇第十二》。大意：政的意思就是端正。如果您带头端正自己，谁敢不端正呢？

在孔子看来，从事政治工作，就是正人与正事。而怎样才能做到正人与正事呢？没有什么好的技巧，只有自己先正起来，那就是：品格端正，不被私欲牵着而偏离道义；情感纯正，不被情绪好恶牵着去做糊涂事；思虑中道，不被异端邪说牵着去做极端之事。

在上位者正了，在下位者自然会效仿，而且也不敢不跟从，所谓："君子之德风，小人之德草。草上之风，必偃。"①

唯有心正确了，人才会正确；唯有人正确了，事才会正确。人若不正确，与他相关的整个世界都不会正确。

贤能政治的理想状态，当然是君子政治。可现实与理想永远有差距，即便在号称君子满朝的宋仁宗时代，大宋朝的官员群体中也不免有宵小之辈。

《弟子规》云："能亲仁，无限好，德日进，过日少。不亲仁，无限害，小人进，百事坏。"

这个道理虽然谁都懂，可君子与小人并不容易分辨，在实践中常常一不留神，就把小人错当成了君子，或把君子错当成了小人。

在历史上，一个时代如果君王英明，君子占据执政高位，那么物以类聚，人以群分，君子自然亲近君子而排斥小人，君子在官员中所占的比例就会高，政治也会相对清明。反之，如果小人得志，占据了执政地位，他呼朋引伴，亲小人而远君子，那么小人在官员中占的比例就会增大，政治相对就会黑暗。

因此，在传统的中国社会，政治虽然天然对君子开放，君子

---

① 《论语·颜渊篇第十二》。大意：君子的作风好比风，小人的作风好比草。风往哪边吹，草就往哪边倒。

也以入仕从政为实现自身价值的最佳理想途径，但有时大的政治环境，却不允许君子从政或不适合君子从政。

君子从政，首要的目标是行道义，其副产品才是食禄，所以特别推崇一个忠字。忠者，遵从正道，尽心于职事。所谓遵从正道，便是以真理、正义及公益为行事的准绳，而非汲汲于个人利益的算计。

政治人物若不忠于正道，必行事乖张，违天理，悖人情，见钱弃义，贪赃枉法，是非不分，颠倒黑白，谄媚迎合上级领导，最终沦为贪官、佞臣、奸人。

对于君子而言，权力乃公器，它不是用来炫耀的，也不是用来欺压下属的，更不是用来行私的。君子权力在握，戒惧警惕，总怕自己的私欲玷污权力——嫉妒之心，会使人斥贤抑能，败坏事业与政治空气；贪财之心，会诱人颠倒黑白，枉法损公；偏见与情绪，会让人不辨是非，走上邪道。

《尧戒》上说：

> 战战栗栗啊，一天比一天谨慎。人不会被大山绊倒，却容易被小土堆绊倒。①

具体而言，君子从政，需要恪守一些基本的原则。

首先，要以爱民为天职。人民，是社会的基础；官，应人民的需求而产生，担负着服务人民、为人民建造秩序及维护人民福祉等使

---

① 《淮南子·人间训》。原文：《尧戒》曰："战战栗栗，日慎一日。"人莫踬于山而踬于垤。

命。所以，官是为民而存在的，而非反之，民为官而存在。

《尚书·五子之歌》云："皇祖（指大禹）有明训：对人民只可亲近，不可疏远；人民是国家的根本，根本坚固，国家才能安宁。"①

孟子则直接说："民为贵，社稷次之，君为轻。"②

戏剧《七品芝麻官》中有段唱词说："当官不为民做主，不如回家卖红薯。"

其次，君子从政，若为上级，则待下宽严相济，并积极任用或举荐贤才。

子贡问孔子："今之人臣谁可称得上贤德？"孔子说："我还没有见到。但过去齐国的鲍叔（即鲍叔牙），郑国的子皮，可称为贤者。"子贡反问："那么齐国没有管仲，郑国没有子产吗？"孔子说："赐（指子贡）啊，你只知其一，不知其二。你认为引荐贤人的人贤？还是有能力做事的人贤？"子贡回答："引荐贤人的人贤。"孔子说："是这样，我听说鲍叔举荐了管仲，子皮举荐了子产，但没听说管仲、子产举荐过什么人。"③

---

① 《尚书·五子之歌》。原文：皇祖有训：民可近，不可下；民惟邦本，本固邦宁。

② 《孟子·尽心下》。

③ 刘向《说苑·臣术》。原文：

子贡问孔子曰："今之人臣孰为贤？"

孔子曰："吾未识也。往者齐有鲍叔，郑有子皮，贤者也。"

子贡曰："然则齐无管仲，郑无子产乎？"

子曰："赐，汝徒知其一，不知其二。汝闻进贤为贤耶？用力为贤耶？"

子贡曰："进贤为贤。"

子曰："然，吾闻鲍叔之进管仲也，闻子皮之进子产也，未闻管仲、子产有所进也。"

秦穆公在一次演讲中说：

> 我暗暗思量，如果有一个耿直的大臣，诚实专一，他虽没有什么特殊技能，但心胸宽广能够容人——别人有才能，如同他自己有一样；别人有美德，他能诚心实意喜欢而不只是口头说说。如果用这样的人，保我子孙黎民，他一定能称职成功。如果别人有才能，就嫉妒厌恶；别人有德行，就阻拦压制，使他不能施展，那么留用这样的人，是不能保护我的子孙和民众的，也可以说实在太危险啊。①

第三，君子从政，若为下级，则待上级以敬、以礼，并尽心于事。

在传统的政治秩序中，下级不是上级的奴仆，上下级之间是隶属性质的合作关系，故互敬互重。

同理，下级不是上级收买来的，下级做事，虽说要对上级负责，但更要对道义与对共同的事业负责。因此，君子即便对上级有意见，也不会在公事上懈怠。

> 子贡问孔子："我做人家的下属，却不知道为人下属之道。"

---

① 《尚书·秦誓》。原文：昧昧我思之，如有一介臣，断断猗无他技，其心休休焉，其如有容。人之有技，若己有之。人之彦圣，其心好之，不啻如自其口出。是能容之，以保我子孙黎民，亦职有利哉！人之有技，冒（亦作"媢"）疾以恶之；人之彦圣，而违之俾不达，是不能容，以不能保我子孙黎民，亦曰殆哉！

孔子说："为人下属者，就像土一样！种五谷就生五谷，掘下去就见到泉水，草木赖它种植，禽兽赖它生存，人赖它活下去，死人赖它埋葬，功劳多而不表功，做人家的下属，就应该像土一样！"①

《孝经》上说："君子侍奉君王，在朝廷的时候，要尽力谋划国事；退居家中，考虑补救君王的过失。君王的政令是正确的，就遵照执行；君王的行为有了过错，就加以纠正。君臣之间同心同德，所以君臣能够相亲相爱。"②

第四，君子从政，在其位，则谋其政；不在其位，则不谋其政。

职位由权力与责任共同构成，而且原则上权力越大，责任也就相应越大。在某个位置上的人，在行使权力的时候，实际上也承担着相应的责任与风险。

小人只要权力及权力衍生出的利益，而不愿承担权力带来的责任与风险，所以即便不在某个位置上，或者从某个位置上退下来了，还要指手画脚替在位的人乱当家、乱做主，以享受权力带来的快感与好处；而一旦出了差错，产生了不良后果，他却摇手躲入幕后，让在位者承担责任。

---

① 刘向《说苑·臣术》。原文：
子贡问孔子曰："赐为人下，而未知所以为人下之道也。"
孔子曰："为人下者，其犹土乎！种之则五谷生焉，掘之则甘泉出焉，草木植焉，禽兽育焉，生人立焉，死人入焉，多其功而不言，为人下者，其犹土乎！"
② 《孝经·事君章第十七》。原文：君子之事上也，进思尽忠，退思补过，将顺其美，匡救其恶，故上下能相亲也。

第五，君子从政，必须明白"为官与发财是两条道"。

君子在从政之前，若经商，谋利当然是天职；而一旦为官，谋利之心就必须断绝，而以行道爱民为天职。董仲舒说："受禄之家，食禄而已，不与民争业。"

鲁国有个叫公仪休的博士，在当官之前，家境拮据，常让人到市场上出售自家种的葵菜与妻子织的布，以补贴家用。后来，他当上了鲁国的国相，便立即让人把园中的葵菜拔掉，又把妻子赶出织房，烧掉织布机。人问其故，他说我有了俸禄，难道还要与菜农、织妇争利吗？

最后，君子从政，若遇政治环境清明，则奋力进取；若遇政治环境阴暗，则思努力补救；若补救无计，则独善己身；若独善难成，不愿同流合污，也不愿助纣为虐，则可退身而隐。

孔子说：

> 天下有道则见，无道则隐。邦有道，贫且贱焉，耻也；邦无道，富且贵焉，耻也。①

君子有时虽不能制止恶行，但可以采取不合作主义，不参与恶行。不参与恶行，是君子为政的底线。

第六节　君子的在野之道

君子在野，不怕有德才不能见用，只怕缺乏可用之德才；不

---

① 《论语·泰伯篇第八》。

怕怀德才无人知晓，只怕得到职位而德才不配。

君子以修身为迈向未来的基本功夫，讨厌好高骛远的空想，不愿做墙头芦苇，头重脚轻根底浅；也不愿做山间竹笋，嘴尖皮厚腹中空。

要改变世界，需先从改变自己开始；如果自己满身毛病，怎可能让世界变得更美好？《大学》云："古之欲明明德于天下者，先治其国；欲治其国者，先齐其家；欲齐其家者，先修其身。"

周处少有大志，但为人不修小节，纵情肆欲，乡人以他为祸患，背地里把他与山中的白额虎、江中的恶龙，并称为"三害"。

乡人谋划除"三害"，便撺掇周处去与猛虎、恶龙决斗。周处毫不含糊，入山刺杀老虎，又下河去斩蛟龙。蛟龙在水里时浮时沉几十里，周处始终与它缠斗。经过三天三夜，当地的百姓都认为周处已死，竞相庆贺。

周处杀死蛟龙回来，听说乡人庆贺自己死了，深感震惊。他反思自己过去的所作所为，顿生悔改之意。

他到吴郡找到名士陆云，以实情相告，说："我想修身，可年纪已大，怕是来不及了。"陆云劝慰他说："古人以'朝闻夕死'为贵，何况您还前途远大呢。再说，人怕的是不能立志，何必担忧美名得不到宣扬呢？"

周处从此努力改过自新，成了一位有学识、有节义的君子。[1] 周处入仕为官，有名臣之风；后征西戎，壮烈战死沙场。西戎校尉阎瓒赞他说："周处全臣节，美名不能已。身虽遭覆没，载名为良史。"

---

[1] 《世说新语·自新第十五》。

君子修身以待，根据自身德才的高低与时势的需要，适合平天下则平天下，适合治国则治国，适合齐家则齐家，适合独美其身则独美其身。

据说，英国威斯敏斯特教堂有块无名氏墓碑，上面刻着一位老绅士的悔恨之语。他说：

> 当我年轻的时候，我的想象力从没有受到过限制，我梦想改变这个世界。
>
> 当我成年以后，我发现我不能改变这个世界，我将目光缩短了些，决定只改变我的国家。
>
> 当我进入暮年，我发现我不能改变我的国家，我的最后愿望仅仅是改变一下我的家庭。但是，这已不可能。
>
> 当我躺在床上，行将就木时，我突然意识到：如果一开始我仅仅去改变我自己，然后作为一个榜样，我可能改变我的家庭；在家人的帮助和鼓励下，我可能为国家做一些事情。然后谁知道呢？我甚至可能改变这个世界。

君子欲担道义、展抱负，进身入仕虽是最佳途径，却不是唯一途径，历史上曾有不少君子选择远离政治。当然，他们不入仕，分为多种情况。

伯夷、叔齐放弃孤竹国国君的职位而逃，是礼让之义。

严子陵拒绝光武帝之召，是因为朋友兼君臣的关系微妙难处，当时唯有如此才可利国家而存友情。

费贻为避公孙述，装疯卖傻，逃到深山十余年，是不愿明珠暗投。

有些君子虽有从政入仕的热情，但政治环境或个人的际遇却不给他提供入仕的条件，或者不允许他继续从政。颜回困居陋巷，乃时运不济。嵇康逃避为官，是因为那时的政治环境险恶，他要尽量避祸。陶渊明解印辞官，是因为当时的官场气氛让他精神压抑，与其为五斗米折腰，还不如退归田园守节吟诗。

有些君子认为立言或做别的什么事，更有利于发挥自身的价值。《周易》云："不事王侯，高尚其事。"①

邵康节安于洛阳民间，称疾不肯应朝廷之召，是因为他知道自己为官不如为学更有益于世。

林逋结庐孤山，梅妻鹤子，践颜回、曾点之乐，要给汲汲于名利的士人另立一标；却不以名节自况，自谓"吾志之所适，非室家也，非功名富贵也，只觉青山绿水与我情相宜"。

君子归隐山林田园，不同于为隐而隐的隐士。

为隐而隐者，表面不为名利，实际却难脱一个私字。有的隐士为了一己精神的爽快及肉体生命的延长，而不顾家庭与社会责任；有的隐士借与鸟兽同群，以博取高名；有的隐士则以退为进，准备走终南捷径谋取个人私利。蒋士铨称某些隐士为隐奸，讽刺说：

> 妆点山林大架子，附庸风雅小名家。
> 终南捷径无心走，处士虚声尽力夸。
> 獭祭诗书充著作，蝇营钟鼎润烟霞。
> 翩然一只云间鹤，飞去飞来宰相衙。②

---

① 《周易·蛊卦第十八》。大意：不从事王侯的事业，把自己逍遥物外的行为看得至高无上。

② 蒋士铨《临川梦·隐奸·出场诗》。

君子归隐，身隐而心不隐——处江湖之远而忧其君，居林岩之幽而念其民。王世霈有首《笛怨辞》，写君子的情怀，云：

笛怨箫清听未真，江湖旧雨散成尘。
平生只有双行泪，半为苍生半美人。

君子不满所处的政治环境，虽采取不合作主义，退守田园山林，但不怨天，不尤人，不做永远的、无原则的反对派——朝廷做得不对，当然要批评；朝廷若有做得对的地方，也毫不犹豫为其点赞。

君子归隐，虽不在其位，但即便困居僻巷陋室亦不坠平生之志。有人问孔子为什么不从政？孔子回答说：在家孝敬父母、友爱兄弟，也是一种从政的方式啊，为什么认为只有入朝为官，才算是参与政治呢？①

君子若可为天下人谋福祉，则慨然为天下谋福祉。

君子若可为一国谋利益，则当仁不让为一国谋利益。

君子若居家无职，则可行孝悌、友乡邻，教化乡里，谋一家和睦。

君子若经营诸业，则可勤俭养德，仁义行事，诚信待人，为一行一业立标。

君子若志而为学，则可为往圣继绝学，立嘉言而泽后世。

---

① 《论语·为政篇第二》。原文：或谓孔子曰："子奚不为政？"子曰："《书》云：'孝乎惟孝，友于兄弟，施于有政。'是亦为政，奚其为为政？"

君子若志而为文，则可厚人情，淳世风，刺邪恶，让人在诗意中栖居。

君子若穷困独守，则可独善一身，坦荡方正而立于天地之间。子云："芝兰生于深林，不以无人而不芳；君子修道立德，不为穷困而改节。"[1]

卜式出身农家，父母早亡，有一个年少的弟弟。兄弟两个到了需要分家的时候，卜式无意与弟弟争家产，便自取一百多头羊，进山放牧，把其余家产全都留给了弟弟。卜式牧羊有方，十多年后，他的羊达到了一千多头，而他弟弟却将所得的财产都用光了。卜式怜悯弟弟，便又分出羊群给他。

此时，汉朝正对匈奴大举用兵，财政渐渐吃紧。卜式听说后，上书朝廷，愿意捐出一半家财助边。武帝派使者问卜式，是否想做官？卜式说："我自小牧羊，没有学习过为官之道，不想做。"使者又问："那你家是否有冤情，要借机申诉？"卜式回答："我生来与人无争，同乡的人贫穷，我救济他们；有人不善，我教育他们。在我的家乡，人们都很尊重我，我怎会有冤情？"使者说："那么，您给国家捐钱，到底想要换取什么？"卜式答："天子讨伐匈奴，我认为贤者应尽死节，有钱者宜助捐，如此匈奴才可灭掉。"

君子求仁立义，何须要到庙堂之上？君子于低微及平凡中，照样能活出不俗的人生。白圭洛阳经商，把商业变为了仁术；召平种瓜长安城外，东陵瓜美名传千古。谁说屠狗之辈没有仗义之士？谁说引车卖浆者缺乏忠信之人？

---

[1] 《孔子家语·在厄第二十》。

第七节　君子的持家之道

家，是一个给人遮风避雨的场所；家，是一个可以庇护人自由的城堡；家，是一个储存甜蜜之爱的地方；家，是一个能够温暖人灵魂的港湾。

每个人都知道家的重要，每个人都希望拥有一个美好家庭。伏尔泰说："对于亚当而言，天堂是他的家；然而对于亚当的后裔而言，家是他们的天堂。"

可家真的能成为天堂吗？在现实中，许多家庭并不是天堂。有些家庭表面和谐，内部却矛盾重重；有些家庭表面平静，内里却阴冷得犹如地狱。世间的事物往往是这样：越是亲密的人聚在一起，相互伤害起来有时越厉害；越是温情的地方，有时越容易产生冷酷；距离越近的人，有时心与心的距离反而更远。

颜之推感叹道：

> 有些人能与天下各式各样的人交朋友，且关系融洽，却不能敬重自己的兄长。他们何以能与那么多人友好，却不能善待自己仅有的兄长呢？有的人能统领数万人的军队，使部下为他拼死效力，却对自己的弟弟缺少恩爱。他们何以对关系疏远的人亲密，而对关系亲密的人反而疏远呢？①

---

① 颜之推《颜氏家训·兄弟第三》。原文：人或交天下之士，皆有欢爱，而失敬于兄者，何其能多而不能少也！人或将数万之师，得其死力，而失恩于弟者，何其能疏而不能亲也！

兄弟的关系尚且难处,况且在家庭中,还有两种人世间更难处理的关系——婆媳关系与妯娌关系。

唐麟德年间,高宗李治携武后到泰山封禅,路过郓州时,听说有个叫张公艺的寿张人,九世同居,一家九百余口和睦相处,每日鸣鼓会食。高宗感到好奇,亲幸张宅,询问张公艺治理这样一个大家庭的秘诀。张公艺不谈家风,也不说家训,只是请来纸笔,在上面一口气写了一百多个"忍"字。高宗看着这些忍字,触动了自己的心事,不禁怆然涕下。

可见这家庭成员之间的关系,并非随随便便就能处理好,其第一要务,应是宽容与忍让。

隋代名臣牛弘性情宽仁,弟弟牛弼却品行不端。有一次牛弼醉酒,射死了给牛弘驾车的牛。牛弘回家,妻子气愤地说:"小叔射死了牛。"牛弘听了,并没有觉得奇怪而问原因,只说:"做牛肉吃。"牛弘坐定,他妻子又忍不住重复了一遍,说:"小叔忽然射死牛,真是怪事!"牛弘说:"我知道了。"他脸色不变,仍旧读书,始终不说一句责备弟弟的话。

君子持家,家庭成员发生矛盾,应以亲情为第一,以分辨是非对错为第二。

家庭成员要尽量避免针锋相对争论谁是谁非。兄与弟讲对错,分出对错,兄弟之情可能反淡了;夫与妻争对错,若伤了感情,妻子即便理屈词穷,也未必意味着丈夫能赢得什么;媳与婆争是非,即便确实是婆婆错了,难道从此可以让丈夫疏远他的母亲?

亲人之间如果为了争辩是非而伤害亲情,那这是非还是忍着不要去争为好;但这并不等于说,家庭成员之间在任何情况下都要一团和气，不辨是非。

颜之推说："在家庭内，如果完全废止斥责与惩罚，那么孩子们的毛病马上就会多起来。"[1] 他讥笑有些名士，持家一味宽仁，以至于答应接济他人的财物，妻子儿女都从中减省克扣；有些家庭成员甚至轻侮宾客，欺负乡邻。

北齐有个叫房文烈的官员，善忍而从不发怒。有一次，他将自己的住宅借给别人住，那家的奴仆们把房子拆了当柴烧，几乎烧了个精光。房文烈知道后，只是皱皱眉头，竟然不说一句责备的话。

与之相反，唐人李景让做了高官，头发都花白了，但只要稍有过错，母亲便要鞭打他。李景让担任浙西观察使时，有个部下违逆他，他将其杖责致死。军中将士愤怒，意欲哗变。他母亲听说后，在李景让办公时，出来坐在厅堂上，命李景让站在庭下，斥责说："天子将一方的军政事务交给你，国家有刑法，你怎敢随意发泄喜怒，而枉杀无罪之人？万一引起地方的动乱，何止是上负朝廷，还会使你这个垂老之母含羞入地，我又有何面目去见你的先人？"

她命人将李景让摁翻在地，剥去衣服鞭打。军中将领都来求情，伏拜哭泣了很久，她才同意释放李景让。军中将士感动，因此安定下来，避免了一场兵变。

可见君子治家，与君主治国相类，应以宽忍为主，同时以严厉为辅，二者不可偏废。

家，不仅是一个亲情共同体，还是一个经济单位。

君子持家，克勤克俭。

---

[1] 颜之推《颜氏家训·治家第五》。原文：笞怒废于家，则竖子之过立见。

陈献章说:"细看万事乾坤内,只有懒字最为害。"①

曾国藩告诫儿子说:"勤劳能使神明钦佩。一个人每天所穿之衣、所吃之饭,若与自己出的力气相匹配,则他人认可、鬼神赞许,因为他这是自食其力。假如农夫织女,一年到头辛苦劳动,只得到几担谷与几匹布;而富贵之家一年到头安逸享乐,不做一件事情,却吃山珍海味,穿锦罗绸缎,喝醉了像猪一样呼呼大睡,醒来一叫唤,下人就对他唯唯诺诺,这是天底下最不公平的事,连鬼神都看不下去,他们难道能保持长久吗?"②

朱柏庐则从日常处劝诫家人勤俭,说:

> 黎明即起,洒扫庭除,要内外整洁;
> 既昏便息,关锁门户,必亲自检点。
> 一粥一饭,当思来处不易;半丝半缕,恒念物力维艰。
> 宜未雨而绸缪,毋临渴而掘井。
> 自奉必须俭约,宴客切勿流连。
> 器具质而洁,瓦缶胜金玉;饮食约而精,园蔬逾珍馐。③

杨龟山给家人定"俭以养德"的家规,说:"三餐饭蔬,不论脆甘酸苦,只要可以吃,就不可有所偏嗜;衣服鞋帽,不论布料精细,只要合身,就不许挑挑拣拣;所处房屋,尽管简陋,只要还能居住,就应安居乐业,不要羡慕别人雕梁画栋;故山田园,先祖遗留,应该守其世业,不可增营地产,侵犯他人利益。"

---

① 陈献章《戒懒文示诸生》。
② 《曾国藩诫子书》。
③ 朱柏庐《朱子治家格言》。

张知白担任宰相，居住的房屋破旧不遮风雨，家人吃的穿的都很俭朴。有个亲戚劝他说："你一个月的俸禄那么多，日常生活竟至如此清俭。外人不把你的清俭看作美德，反还以为您像公孙弘那样沽名钓誉呢！"

张知白感叹说："凭我现今的俸禄，要想锦衣玉食，何愁没钱？然而人情由俭入奢则易，由奢入俭则难。我现在的俸禄怎会永远保持？一旦失去俸禄，家人既已习惯于奢侈，不可能马上适应俭朴，如此必会出问题。既然如此，哪如这般保持俭朴的生活习惯？即便有一天我离开了人世，他们也还能愉快生活啊！"

另外，一家人虽同气连枝，但每个人的品行性情却未必相同。因此君子持家，不懈于对子弟的教化，常以忠厚为宝，以诗书继世，鼓励子孙自强。

朱柏庐教育子弟说：

  与肩挑贸易，勿占便宜；
  见穷苦亲邻，须多温恤。
  刻薄成家，理无久享；
  伦常乖舛，立见消亡。[1]

《三字经》云：

  人遗子，金满籯；
  我教子，惟一经。

---

[1] 朱柏庐《朱子治家格言》。

汉涿郡太守杨震，秉性清廉，他的儿女子孙吃粗茶淡饭，出门常无车步行。有故旧长者劝杨震为子孙置办些产业，杨震不肯，说："使后世之人称他们为清白吏子孙，以此遗之，不也是很丰厚的遗产吗？"

南唐德胜军节度使兼中书令周本，乐善好施。有人劝他说："您年纪已高，应留些财产给子孙后代。"周本回答："我当年穿草鞋跟随吴武王，官至将相，这是谁留给我的？"

曾国藩位重事繁，却忙里偷闲，三十年间给诸弟与妻儿写了近四百封家书，不厌其烦，教他们和睦友爱，勤俭谨敬，老实为人。他曾评论家庭兴旺的规律，大意是：天下官宦之家，一般只传一代就萧条了，因为大多是纨绔子弟；商贾之家，一般可传三代；耕读之家，一般可兴旺五六代；而孝友之家，往往可以绵延十代八代。

范文正公的家族据说兴旺了数百年，有识者认为，其中的秘密，可能就蕴藏在他写的家训百字铭中。其文云：

孝道当竭力，忠勇表丹诚；兄弟互相助，慈悲无过境。
勤读圣贤书，尊师如重亲；礼义勿疏狂，逊让敦睦邻。
敬长与怀幼，怜恤孤寡贫；谦恭尚廉洁，绝戒骄傲情。
字纸莫乱废，须报五谷恩；作事循天理，博爱惜生灵。
处世行八德，修身奉祖神；儿孙坚心守，成家种善根。

第五章　君子的私人生活

第一节　君子的娱乐

人不仅需要物质滋养身体，还需要娱乐滋养精神。

人们迫于物质上的压力，从事体力劳动，身乏体累了，常常需要一些娱乐活动，放松一下身心，纾解精神上的苦闷。

同理，人学习或从事其他脑力劳动，头晕脑涨了，也常常需要一些娱乐活动，放松一下身心，给沉闷的生活增加一点喜乐与趣味。

即便那些纯粹为兴趣而工作学习的人，也难免有感到劳累与枯燥的时候，这时候如果换下脑筋，娱乐一下，会让精神更饱满，做事的效率也更高。

至于那些饱食终日，什么事都不做，无所用心的有闲者，则更需要一些娱乐活动填充一下他们无聊的生活与空虚的精神。为什么这样说呢？因为人的心思无时无刻不在活动，它如果没有明确的理性目标，心无所主，便很容易被原始的欲望俘虏，产生一些邪念杂意。

用西哲的语言解释：一个人如果饱食终日，无所用心，便容易丧失自我存在感；而为了证明自己还存在，就不免为寻求感官的刺激，而去做一些邪僻之事。

孔子云："饱食终日，无所用心，这是很糟糕的！不是还有博棋与围棋这样的游戏吗？即便下下棋，也比无所用心好啊！"①

娱乐类的游戏，在现实中有雅与俗、正与恶之分。

弹琴吹笛、吟诗填词、写字画画等，当然是君子首选的休闲娱乐项目。但它们虽雅正，门槛却相对较高，一般人没法玩；而且它们缺乏对抗性，娱乐效果也较弱。

至于王羲之与他的朋友们，在山阴兰亭玩的那种曲水流觞游戏——大家坐在一条小河边，将酒杯放在荷叶上，任其从上游浮水而下，漂到谁的面前，谁就要作一首诗，否则便罚一杯酒——雅则雅，但受限于天气、地理等条件，不是想玩就马上能玩的，而且玩的成本也比较高。

博弈不仅门槛较低，还属于对抗性项目，娱乐性强，并且与射箭、驾车、曲水流觞等比起来，它对人的素质、场地、天气的要求不高，操作也简单，成本低廉，非常容易普及。

孔子说博弈要比无所事事要强，是因为博弈勉强算得上是雅正游戏。然而另一方面，博弈虽比斗鸡走狗等有意义，可它毕竟处在雅正与俗恶的分界线上，它既可以成为益智适情的游戏，也可能滑向害人的赌博之列。因此，颜之推讲："圣人不用博弈为教。"②

李渔从正面的角度看待博弈，说：

> 填词作曲这类事，属于文人的末技；但一个人只要潜心去做，总比驰马试剑、纵酒赌博要强。孔子有言："不有博弈者乎？为之，犹贤乎已。"博与弈只不过是种下棋游戏，

---

① 《论语·阳货篇第十七》。原文：子曰："饱食终日，无所用心，难矣哉！不有博弈者乎？为之，犹贤乎已。"

② 颜之推《颜氏家训·杂艺第十九》。

都强于饱食终日，无所用心。填词作曲虽属于小道，难道不更强于下棋吗？①

晋代的陶侃从负面的角度看待博弈，他在任荆州刺史时，见佐吏玩博弈，便将其器具投之于长江。

而事实上，即便是博与弈本身也有品级之分。

博棋，又叫局戏，它由棋子、棋盘、投箸三部分组成，因共有十二棋子，双方各执六，故又称六博棋。

弈，早期的棋局纵横十七道，有289个交叉点，棋子分黑白，对弈双方交替而行，以围地多者为胜，故称围棋。

六博棋与围棋虽皆是对抗性游戏，但六博棋对抗急促剧烈，容易引发下棋者的负面情绪，导致局外无谓之纷争；而围棋对抗舒而缓，相对比较文雅。故《孔子家语》中说："君子不博，为其兼行恶道故也。"

古人说博棋有"恶道"的一面，是有现实根据的。

周庄王十五年（公元前682年），宋闵公与大将军南宫长万边饮酒边下棋。南宫长万连输五局，心中窝火，而恰在此时，有人报周庄王去世，周僖王即位，请求宋闵公遣使吊贺天子。正与宋闵公下棋的南宫长万请求前往，宋闵公不允许，反当众讥笑他。南宫长万恼羞成怒，抡起棋盘打向宋闵公，将其当场打死。

汉文帝时，吴王刘濞派吴国太子刘贤到长安朝拜，文帝让太子刘启（后来的汉景帝）和刘贤一起玩六博棋。刘贤与皇太子刘启争棋，各不相让，刘启火气上撞，拿棋盘打在了刘贤的太阳穴

---

① 李渔《闲情偶寄·词曲部·结构第一》。

上，刘贤当场气绝身亡。

文帝很痛心，把刘贤的尸首送回吴国。吴王刘濞生气地说："死都死在长安了，为何还要送回？"汉文帝只好让人把尸首再运回，葬在长安。从此，刘濞称病不朝，心中有了反叛之意。

有人认为博弈有三恶：一恶是荒废光阴，丧人志气；二恶是容易沦为赌博；三恶是容易诱发忿戾之心，做出冲动失礼之事。三国时的韦昭在《博弈论》中说：

> 今世之人多不务经术，好玩博弈，废事弃业，忘寝与食，穷日尽明，继以脂烛。当其临局交争，雌雄未决，专精锐意，心劳体倦，人事旷而不修……至或赌及衣物，徙钉易行，廉耻之意驰，而忿戾之色发；然其所志不出一枰之上，所务不过方罫之间，胜敌无封爵之赏，获地无兼土之实，技非六艺，用非经国。

君子当然可以不玩博弈，像王肃、葛洪那样眼不观棋盘，手不执棋子，集中精力于事业学术之上，即便闲暇娱乐，也止于诗、乐、射、御、书、数。

然而，博弈毕竟还有益人性情的一面，君子如果疲惫无聊之时，偶尔玩玩，也不失为一件雅事。白居易诗云：

> 山僧对棋坐，局上竹阴清。
> 映竹无人见，时闻下子声。[1]

---

[1] 白居易《池上二绝》。

唐伯虎诗云：

> 树合泉头围绿荫，屋横涧上结黄茅。
> 日长来此消闲兴，一局楸枰对手敲。

事实上，游戏的雅正与俗恶之分，不仅仅在于游戏本身，而更关键在于玩游戏的人。

例如，书法属高雅的娱乐活动，但到了现代江湖人士之手，却搞怪哗众，俗不可耐，有的人用注射器喷写，有的女人竟然用阴部夹毛笔行墨。

再例如，投壶本从射礼演化而来，是一种高贵的礼仪式游戏。《东观汉记》说当时的朝廷："取士皆用儒术；对酒娱乐，必雅歌投壶。"但这样的一项高雅国技，到了一些人的手里，慢慢演变成了套圈、投掷等博彩游戏，成了庙会集市上的一项江湖赌博生意。

由此可见，心术不正的小人，能把一些雅正的游戏恶俗化。

而君子娱乐，以悦性颐情、修养身心为本，即便偶玩一些兼有"恶道"的游戏，如下棋、搓麻将、打桥牌等，也就其雅而避其俗，取其正而弃其恶。套用孔子的一句话（君子居之，何陋之有）说：君子娱乐，何俗恶之有？

第二节　君子的爱情

爱情，是人类一项原始的本能。

造物主为了让人类能够健康地繁衍存续，便让人类在进入性成熟期时，与其他动物一样，产生一种强烈的求偶冲动。但这种求偶的冲动，并非完全盲目，而是被一些秘密的优生学原则所支配，那就是人类在求偶时，总是自觉不自觉地遵循两个标准：一个是体态健康、相貌俊美；再一个是与自己志趣、性情相合。

体态健康不仅意味着他或她的生存能力强，也意味其生育能力强；符合美学原则的相貌，不仅意味着他或她在同类中受欢迎，也意味着其后代在同类群体中同样受欢迎。

而与自己性情相合，不仅意味着两个人在一起能够愉悦而和平相处，也意味着两个人的生物基因可能更相配。

理论上讲，每个人在求偶时，都希望找到一个健康俊美、与自己性情相合的人。如果在生活中能遇到这样的人，往往犹如触电，不自觉产生出强烈的爱慕之情。如果对方也爱慕自己，且志趣性情相合，那么就有了所谓的一见钟情。

但是，假如自己条件不够，或对方不认为能与其性情相合，那么就会形成一方热一方冷的情况，产生所谓的单相思。汉朝人写这种奇妙的感情时说：

> 十三与君初相识，王侯宅里弄丝竹。
> 只缘感君一回顾，使我思君朝与暮。
> 再见君时妾十五，且为君作霓裳舞。
> 可叹年华如朝露，何时衔泥巢君屋？①

而在现实中，健康又俊美的人比较稀缺，每个人都想找这样

---

① 《乐府·古相思曲》。

的人做配偶,根本不可能。在这种情况下,求偶者只能退而求其次,选择那些相貌平平,却能与自己志趣、性情相合的人。找这样的配偶,虽然不能产生强烈的爱情,却能收获持久的亦爱亦友之情。而在人群中寻求与自己志趣、性情相合的异性,相对而言要容易一些。

然而,人不仅具有动物性,还有社会性。

人之求偶,不可避免也会受到社会因素的严重影响。其中,影响人求偶的社会因素主要有两个,一个是社会地位,一个是财富。鲁迅说:贾府的焦大,不会爱上林妹妹。他强调的是,人的社会地位之差别能够抑制人对异性的原始情感冲动。

社会地位高、拥有财富多的人,有条件打破自然配偶法则的约束,获得优先的择偶权。也就是说,一个社会地位高、财富多的人,尽管体貌平平,却可以轻易得到健康又美的配偶。可是,这也有个弊端,由于配偶是通过权势与财富的魅力得来的,缺少生物性的匹配基础,所以往往很难产生真正的爱情,这也是豪门缺乏爱情的重要原因。

在求偶受社会性因素影响的前提下,门当户对是人们择偶时必须认真考虑的一个因素,它几乎适合各个阶层的人。

门当户对,一方面锁定了人的择偶阶层——人们在同一阶层择偶,可以减少社会因素的直接影响,最大限度回归原始的生物性情。另一方面,阶层相同的人,学习与生活的经历相对接近,志趣相同的可能性比较大。而志趣相同,能够加深性情的契合;反之,志趣相异,则可能让人在性情上产生疏离。

爱情值得赞美,它会致人幸福;但爱情同样值得警惕,它会扰乱人的内心世界,甚至会致人毁灭。培根说:"夫妻的爱,使人类繁衍。朋友间的爱，致人以完善。但那荒淫纵欲的爱，却只会使人堕落毁灭！"①

君子求偶，以礼节之，不会放任自己的情感泛滥，溺身其中。即便遇到心仪的对象，怦然心动，也思无邪，追求热烈而不越礼，如《关雎》所教导：

> 关关雎鸠，在河之洲。窈窕淑女，君子好逑。
> 参差荇菜，左右流之。窈窕淑女，寤寐求之。
> 求之不得，寤寐思服。悠哉悠哉，辗转反侧。
> 参差荇菜，左右采之。窈窕淑女，琴瑟友之。
> 参差荇菜，左右芼之。窈窕淑女，钟鼓乐之。

君子求偶，若美貌与性情志趣不可兼得，则以性情志趣为优先选择。因为容颜似花，易衰易凋；而性情志趣似酒，久之愈醇。

汉代有个叫梁鸿（字伯鸾）的人，在太学学习，虽家境贫困，但成绩优异，而且常以气节自励。太学毕业后，梁鸿在上林苑牧猪，有一次不慎失火，烧了自家的住所，还殃及一些邻居。

梁鸿寻访到受灾的人家，根据他们的损失，用猪做赔偿。其中，有户人家嫌梁鸿赔得太少。梁鸿说："我没有别的财产，愿替您家做工抵偿。"那家主人答应了。梁鸿给人家做杂务，早晚从不懈怠。有些老者见梁鸿不同寻常，就责怪那家主人，称赞梁鸿忠厚老实。那家主人惭愧，要把猪全部还给他，梁鸿敬辞不

---

① 〔英〕弗兰西斯·培根《培根人生论》，何新译，湖南文艺出版社，2012年7月第1版，第34页。

受，只身返回家乡。

梁鸿的这个故事如风一样传开，有些世家大族钦慕他的节义，托人说媒，要嫁女给梁鸿。梁鸿忧虑与那些大小姐们志趣不同，全部谢绝。

同县的孟家有个女儿胖而黑丑，力大能举石臼，三十岁了，还不急着婚嫁。父母问她想找个什么人家，那女子说："要嫁梁伯鸾那样的贤者。"梁鸿听说后，托人下礼聘，请求娶她为妻。孟家女子很高兴，精心梳妆打扮后，嫁到了梁家。

但过了门七天，梁鸿都不答理她。妻子不解，跪在床下问道："窃闻夫子眼光高，推辞过几门亲事。我选择夫婿，也高傲地对待过几位男子。您今对我不满意，我哪敢不向您请罪。"

梁鸿回答说："我想娶个穿粗布衣服，可同我一起隐居深山的人。而您现在却穿绮缟，涂脂抹粉，这哪是我的意愿？"

妻子高兴起来，说："只是看看您的志向罢了。我早已准备好了隐居的服饰。"她重新把头发梳成椎形的髻，穿上粗布衣服，做一些粗活让梁鸿看。梁鸿非常高兴，给她取名孟光，字德曜。

过了一段时间，妻子说："此前常听说先生想隐居避患，现今为何迟迟不动？难道想低头苟且吗？"梁鸿说："您提醒得好。"夫妻两个收拾好家当，来到霸陵山中，以耕织为业，咏诗弹琴，过起了举案齐眉、相敬相爱的生活。①

君子求偶，如果美貌与德行不可兼得，便优先选择德行。人的外在容颜似那木棉花，虽鲜艳夺目，却无芳芬；人的内在德行似那兰花，虽其貌不扬，但幽香怡人。

---

① 《后汉书·逸民传》。

魏人许允娶阮共之女为妻。阮氏女贤德，但相貌奇丑，两人拜过堂之后，许允不愿进洞房，家人非常着急。幸好许允的好友桓范来访，好说歹说把他劝进了洞房。但许允进洞房后，只同妻子打了个照面，便要出去。妻子扯住他的衣襟不放，许允说："妇女应该有四种美德，你有几样？"妻子说："我只缺容貌一项。可是读书人应该有百种美德，您有几种？"许允回答："样样都有。"妻子道："百行以德为首，您好色不好德，怎么能说样样都有？"许允深感愧疚，从此对妻子十分敬重。

许允在吏部为官，常任用同乡之人。有人告他徇私舞弊，魏明帝派人去逮捕他。许家人闻讯乱了方寸，相聚号哭，唯他的丑妻毫不惊慌，告诫许允说："对主上可以讲理，求情没用。"许允心领神会。之后，她对许家人说："不必忧虑，不久他就会回家的。"便熬了小米粥等着他。

魏明帝问许允，为何在用人上徇私？许允回答："孔子说'提拔你所了解的人'，臣的同乡，就是臣所了解的人。陛下可以审查、核实他们是称职还是不称职，如果不称职，臣愿受应得的罪。"魏明帝派人调查，许允任用的官员果然都很称职。魏明帝下诏释放他，还赐给他新衣以作安慰。①

事实上，男女之间的爱情有三种。一种是外表容貌相互吸引而产生的爱情，一种是性情志趣相投而产生的爱情，第三种是基于德性的爱情。

外表容貌相互吸引而产生的爱情，最为常见。这种爱情往往能迅速引起荷尔蒙躁动，热烈而冲动，但多数靠不住，这不仅因

---

① 《世说新语·贤媛第十九》。

为容貌易老，还因为容易被其他容貌更美的异性所诱。

因此，起于外貌相互吸引的爱情，是非常肤浅的，若没有性情志趣上的相合，转化成一定的友情，则很难持久维持双方的善意。

同理，基于荷尔蒙躁动而产生的爱情，不论开始多么亲热美好，若缺乏双方品德上的支撑，则很容易慢慢相互讨厌，甚至反目成仇，且很难转化成亲情。而亲情才是婚姻最为坚实的基础，因为唯有亲人才会真正相互关心、风雨与共。

爱情要转化为亲情，需要过两关：第一关需要男女双方相互敬重，而非只是在肉体上相互利用；第二关需要处理好两个家族的关系，而这非常不容易。

毕竟，爱情虽是两个人的事，但婚姻却是两个家族的事。如果处理不好与其他家庭成员之间的关系，亲情就难以建立起来，爱情也自然失去了根基。

司马光在《家范·卷八》中说："对于嫂子而言，与小叔子小姑子相处，本就极为艰难。如果愚蠢无德，在小叔子面前自高自大，在小姑子面前骄横无礼，根本不可能和平相处。如果经常与家人闹矛盾，必然会引起公婆讨厌，丈夫恼怒，恶名传遍内外，耻辱集于一身，留在夫家会增添父母的耻辱，回到娘家又会增加丈夫的忧虑。"

热烈的爱情不管如何诱人，也不过是婚姻的前奏，而且并非所有好的前奏都能导出美好的乐章，也并非所有美妙的乐章都需要前奏。

因此，君子虽看重爱情，但并不去做情感与生理欲望的奴隶，因为婚姻才是君子的责任所在。为爱情发狂，却轻视婚姻的人，与寓言中那个买椟还珠的郑国人无异。

第三节　君子的婚姻

儒家重人伦，认为夫妇之道为教化之端、人伦之始，《周易·序卦传》中说："有天地然后有万物，有万物然后有男女，有男女然后有夫妇，有夫妇然后有父子，有父子然后有君臣，有君臣然后有上下，有上下然后礼义有所错。"

故《诗经》的编排，首篇即是歌咏男女爱情的《关雎》。国风之始的《周南》与《召南》，实际主要讲的便是男女情事及夫妇之道。

孔子的儿子伯鱼与妻子琴瑟不谐，孔子知道后就对伯鱼说："你学过《周南》和《召南》吗？人若不学《周南》和《召南》，大概就像面对着墙壁而站吧？"①

君子修身，首要面对的就是夫妻关系；君子齐家，首要经营的也是夫妻关系。一个人假如不能处理好夫妻关系，那么便很容易像面对墙壁而站立一样——被情感蔽眼，看不到其他风景；而且会失去方寸，很难在学习工作方面继续前行。

有一次鲁哀公与孔子讨论到婚姻问题，孔子告诉他夫妻之道在于爱与敬。爱虽是夫妻感情的基础，但如果不能相敬，也就很难维持相爱。孔子主张，为了表达爱与敬，结婚的时候，天子诸侯要穿上冕服亲自去迎接。

鲁哀公有些疑惑，问："天子诸侯穿着冕服去迎亲，是不是

---

① 《论语·阳货篇第十七》。原文：子谓伯鱼曰："女为《周南》《召南》矣乎？人而不为《周南》《召南》，其犹正墙面而立也与？"

有点过于隆重了?"

孔子愀然作色,回答说:"婚姻是两个不同姓氏的和好,以延续祖先的后嗣,使之成为天地、宗庙、社稷祭祀的主人,君上您怎能说过于隆重呢?"①

成功的婚姻,一般始于爱,成于敬,终于亲情。

这三者当中,爱情最靠不住。现代人说"婚姻是爱情的坟墓",有一定的道理。

男女在恋爱之时,往往会精心打扮,收敛性情,拿捏言行,把自己最好的一面展现给对方。而结婚之后,生活在同一个屋檐下,同一个锅里甩勺子,双方不仅朝夕与共,而且开始算计柴米油盐等俗事,开始忙于琐碎家务,发不梳,脸不洗,衣服不整成为相互面对的常态。而且各种性格上的弱点,各种不良的习惯,都不可避免地展示了出来。朦胧的距离之美没了,相互直面真实的对方,难免会产生失望、厌倦的情绪。

俗语说:妻不如妾,妾不如妓,妓不如情人。妻不可能纯以色相服务丈夫,而妓能做到;妓能专心致志以色相服务人,却因召之即来,不如情人刺激。

李渔讲过一个小故事,说有个游荡于花街柳巷的人,几乎败光了家中所有的积蓄,仍没有收敛的意思。他的妻子饥寒交迫,要求与他离婚。临走那天,她梳妆打扮,换上新衣,佩上美丽的首饰,与丈夫作别。她那个浪荡丈夫抬眼看妻,竟发现是一个绝世佳人。他抱着妻子痛哭流涕,说:"我走遍青楼,没见过像您这样的娇美丽人。由此可见,那些青楼女子看上去很美,只不过

---

① 《孔子家语·大婚解第四》。

是服饰美艳罢了。如果您能留下来,我一定勤俭持家,把您养在金屋里。"①

能把爱情保持在婚姻中的夫妻,令人羡慕。

汉时,有位京兆尹名叫张敞。张敞的夫人美丽,但眉角有个小缺点。张敞每天上班前,都要先精心给夫人画眉,而且画得非常好。这件事在长安城传为美谈。有关部门认为张敞有失大臣体统,把这事报告给了汉宣帝。汉宣帝在朝堂上问起此事,张敞回答说:"闺房之乐,有甚于画眉者。"意思是,在闺房之内,夫妻之间亲昵的事,有比画眉更过头的。汉宣帝无话可说,一笑置之。

夫妻之敬,既意味着尊重,也意味着责任。

男女之间浅层次的相互吸引,主要是肉体上的,虽也表现为爱,但这种爱自私功利,仅仅把对方看成满足自己欲望的工具,根本谈不上尊重与责任。

男女之间的尊重与责任,起于两种情况下。一种情况是,双方不仅肉体上相互吸引,而且心灵上也心心相印。第二种情况是,双方通过一定的礼仪形式,相互表达敬意,郑重地建立起了责任与利益的共同体。

古人说"始乱终弃",诚不欺人,凡不是基于敬的爱情,很少有好的结果。

司马相如早年落魄贫穷,他游蜀之时,听说当地超级富豪卓王孙有女新寡,此女名叫卓文君,貌美有才。司马相如心动,便借到卓家做客的机会,弹琴挑逗她,作《凤求凰》并歌唱道:

---

① 李渔《闲情偶寄·颐养部》。

凤兮凤兮归故乡，遨游四海求其凰。
时未遇兮无所将，何悟今兮升斯堂！
有艳淑女在闺房，室迩人遐毒我肠。
何缘交颈为鸳鸯，胡颉颃兮共翱翔！
凰兮凰兮从我栖，得托孳尾永为妃。
交情通意心和谐，中夜相从知者谁？
双翼俱起翻高飞，无感我思使余悲。

卓文君从门缝里看他，爱其风流才华，遂托侍者暗表爱慕之意。司马相如重金酬谢侍者，说动卓文君与他连夜私奔。

司马相如家一贫如洗，卓文君便携夫赶回老家临邛，开了家酒店，当垆卖酒。他父亲卓王孙深感羞耻，只得给他夫妇丰厚的家财，让他们到成都安心生活。

但司马相如并非真心敬卓文君，他后来发达，打算纳茂陵女子为妾，有抛弃卓文君的意思。卓文君悲伤，写《白头吟》给相如，说道：

皑如山上雪，皎若云间月。
闻君有两意，故来相决绝。
今日斗酒会，明旦沟水头。
躞蹀御沟上，沟水东西流。
凄凄复凄凄，嫁娶不须啼。
愿得一心人，白头不相离。

司马相如忆起卓文君对自己无私的情谊，羞惭不已，从此不再提纳妾之事。

男女间的有敬之爱,才可算得上真爱。唯有真爱,才可转化为绵绵的亲情——夫妻之间风雨与共、相濡以沫、相互关心、相互体贴,真心愿意"执子之手,与子偕老"。

有一天齐景公到晏婴家饮酒,看见其妻,问晏婴:"这是你的夫人吗?"晏婴回答:"是的。"齐景公说:"她又老又丑了,我有一女,年轻貌美,许配给你为妻如何?"晏婴忙离席致歉说:"她之所以又老又丑,是因为我们结婚的时间长了。她年轻时并非这样。我们夫妻早年有白头偕老的誓约,现承蒙您厚赐爱女,但我怎好背叛我们之间的约定?"①

然而,世间的事总难圆满。

有些心心相印的情人,未必能结成连理;有些结成连理的人,未必有爱情。夫妻一方对另一方的敬,未必能换来对方同等的尊重;一方对另一方怜惜,也未必会收获对方同样的恩义。所谓:"我本将心向明月,奈何明月照沟渠。"

君子对待婚姻,不管有无爱情,不管对方尊重不尊重自己,总以一个敬字待对方,尽力负起家庭的责任。

即便夫妻之间犹如冤家,或对方凶悍悖德,发展亲情无望,不得不离婚,也好聚好散,不失敬与善意。敦煌保存下来的一份唐代离婚协议,体现的就是这种君子精神。其文说:

> 凡为夫妇之因,前世三生结缘,始配今生之夫妇。若结缘不合,比是怨家,故来相对……既以二心不同,难归一

---

① 《晏子春秋·卷六》。

意，快会及诸亲，各还本道。愿妻娘子相离之后，重梳婵鬓，美裙娥眉，巧逞窈窕之姿，选聘高官之主，解怨释结，更莫相憎。一别两宽，各生欢喜。

另外，经济与社会因素对婚姻的影响也不容忽视。一般情况下，丈夫若骤然富贵，则易嫌妻；丈夫若长期贫贱，则易遭妻嫌。

吴人朱买臣四十多岁了，仍是个落魄儒生，靠砍柴换粮维持生计。其妻子不能忍受低贱贫苦的生活，提出与他离婚。朱买臣知道对不住妻子，便劝她说："我年五十当富贵，今已四十有余。你跟着我受了很多苦，待我富贵后报答你。"

他的妻子大哭大闹，讥笑说："你这样没出息的人，活该饿死于沟壑，还敢梦想富贵？"朱买臣留妻子不住，只得写下休书，听任她改嫁。

数年后，朱买臣受到汉武帝赏识，官拜会稽太守。他在上任的路上，遇到其前妻与她的丈夫在服徭役，便把他们一起带回官衙，供给他们饮食。民间传说，其前妻请求复婚，朱买臣泼清水于地，对她说，若能收回覆水，便可复婚。其前妻羞惭，最终自缢而死。

相反的例子当然也有。

宋弘是个正直的君子。光武帝的姐姐湖阳公主新寡，光武帝与她聊天，问可有看上的人。湖阳公主说："宋公的威容与道德，所有的朝臣都比不上。"光武帝让公主坐在屏风后，召见宋弘，试探着问他："民谚云'贵易交，富易妻'，这是否属正常人情？"宋弘正色道："臣闻贫贱之知不可忘，糟糠之妻不下堂。"光武帝只得笑着对公主说:"这事不好办啊。"①

婚姻维系需要爱情,但更需要责任。只有爱情没有责任的婚姻,犹如桃花李花,难以长久;没有爱情但有责任的婚姻,虽然缺少激情,但能产生亲情,而且亲情实际是一种更醇厚的爱。

第四节 兄弟相处之道

人们常把兄弟比喻为手足,说"兄弟之情,手足情深"。可是,这手足之间虽然情深,却并不容易相处。

一般而言,兄弟在少时,同在父母膝下,感情都深厚,且亲密无间。俗语说"打虎亲兄弟,上阵父子兵",讲的就是兄弟之间荣辱与共、生死相依的亲情。但等到各自成家立业之后,情况却变得微妙而复杂起来,而且许多兄弟都会产生矛盾冲突。

在现实中,成年亲兄弟之间的关系,因为各种利益与情感纠葛,往往还不如邻里、朋友。古人感叹:"骨肉能几人?年大自疏隔。"②

儒家倡导"悌",强调兄友弟恭,有两个意思。

一个意思是提醒世人,兄弟之间很容易产生矛盾,很容易反目成仇。兄弟之间要保持少年之时的亲亲热热,既需要用心维护、相互忍让,还需要讲究技巧。

第二个意思是提醒世人,兄弟之间的关系,对人非常重要,

---

① 《后汉书·宋弘传》。原文:帝令主坐屏风后,因谓弘曰:"谚言'贵易交,富易妻',人情乎?"弘曰:"臣闻贫贱之知不可忘,糟糠之妻不下堂。"帝顾谓主曰:"事不谐矣。"

② 沈千运《感怀弟妹》。

关乎人一生的幸福。

儒家讲"五伦":父子、兄弟、夫妇、君臣、朋友。

这五伦中,父子、兄弟之伦,称为天伦,也就是天然形成的血亲关系;夫妇、君臣、朋友之伦,称为人伦,也就是人与人之间后天形成的切身关系。

人伦关系,基于后天的缘分而形成,有选择余地,也有更换的余地。夫妻之间、领导与下属之间、朋友之间,假若关系闹僵了,不可调和了,是可以说再见的——夫妻可以离婚,君臣可以互炒鱿鱼,朋友可以不再来往。

而天伦关系不成。

天伦关系,基于血缘,没有选择的余地,没法更换。一个人,即便不满意父母或兄弟,不认父母或兄弟了,他们实际上还是你的父母与兄弟;更没法更换,即便勉强换掉了,换来的也不再是亲父母、亲兄弟。

古人说:"兄弟如手足,妻子如衣服;衣服破,尚可缝;手足断,安可续?"讲的就是这样一种朴素的哲理。

现在许多人不喜欢这句话,认为它是贬低女人的,其实不是,因为这句话还可以这样说:"亲生姐妹如手足,丈夫不过是衣服;手足断了不可续,衣服破了尚可补。"

因此,在五伦之中,父子、兄弟之伦,相对更为切身重要。

对于一个人而言,处理不好夫妻、君臣、朋友之间的关系,诚然让人苦恼。但处理不好与父母、兄弟姐妹之间的关系,则更令人痛苦,而且那种痛苦深入人的骨髓,无可逃避。

而人世间最令人悲哀的事,莫过于"骨肉相残"。曹子建感慨于兄弟相互算计,说:

> 煮豆持作羹，漉菽以为汁。
> 萁在釜下燃，豆在釜中泣。
> 本自同根生，相煎何太急？①

古人云："兄弟同心，其利断金。"又云"家和万事兴"。而家庭和睦的一个重要条件，便是兄弟和睦。

周朝人在兄弟相聚宴饮之时，为助酒兴，常吟唱《常棣》一诗，劝兄弟之间珍惜同胞之情。诗之辞句极美而感人，其白话如下：

> 常棣之花繁盛开，花萼花蒂灿然明。
> 从古到今世上人，莫如兄弟相爱亲。
> 生死存亡之关头，兄弟总是相牵挂。
> 如果抛尸异乡野，兄弟定去寻找他。
> 鹡鸰飞落在高原，兄弟急忙来救难。
> 平日那些朋友们，最多只是叹几声。
> 兄弟在家虽争吵，遭遇外侮却共御。
> 那些平日好朋友，关键时刻谁来助？
> 死丧祸难既平息，一切安然归秩序。
> 遗憾此刻亲兄弟，不如朋友亲与密。
> 陈列盘盏布宴席，尽情欢饮不停止。
> 兄弟既然聚一起，祥和快乐意满足。
> 夫妻情投又意合，似鼓琴瑟协奏曲。

---

① 曹植《七步诗》。

兄弟亲热聚一堂，和谐欢乐无嫌隙。

用心经营家秩序，妻子儿女皆欢喜。

请您用心熟思虑，说的可是这个理？①

就人情论，与兄弟感情融洽是人生一大乐事，没有人愿意与兄弟关系不睦。兄弟成年分家之后，之所以容易发生矛盾与冲突，实有一些客观的原因。

首先，兄弟在未分别成家之前，生活在同一个屋檐下，是在一个锅里摸勺子的利益共同体；而结婚成家之后，各自经营自己的家庭，成了两个相互独立的利益单位，有了各自的利益算计。而且，从此之后，他们主要的责任与感情都转移到了妻子与孩子身上，兄弟之间的感情反而退到了次要地位。

汉景帝刘启与弟弟刘武一母同胞，少时感情很好。但后来刘启当了皇帝，刘武受封梁王，各自有了自己的私利算计——汉景帝希望将来传位给自己的孩子，培植自己这一支；而梁王刘武则希望将来哥哥把帝位传给他，由他那一支继承汉朝国祚。

兄弟两个因为利益纷争而逐渐疏远。公元前 144 年（汉景帝

---

① 《诗经·小雅·常棣》。原文：
常棣之华，鄂不韡韡。凡今之人，莫如兄弟。
死丧之威，兄弟孔怀。原隰裒矣，兄弟求矣。
脊令在原，兄弟急难。每有良朋，况也永叹。
兄弟阋于墙，外御其务。每有良朋，烝也无戎。
丧乱既平，既安且宁。虽有兄弟，不如友生。
傧尔笾豆，饮酒之饫。兄弟既具，和乐且孺。
妻子好合，如鼓瑟琴。兄弟既翕，和乐且湛。
宜尔室家，乐尔妻帑。是究是图，亶其然乎？

中元六年）冬，刘武入京朝见景帝，景帝为警告他，不再与他出入同乘车辇。刘武惊恐，呈上奏折请求留在京师，也没得到批准。刘武回到封国后，神志恍惚，没多久便郁郁而终。

其二，兄弟成年分家之后，尽管分属两个利益单位，但他们之间因为父母的缘故，往往仍有着千丝万缕说不清、道不明的利益关系，如父母财产的分割，父母有心或无心的偏向等。有些利益虽然琐碎，却相当敏感，稍微处理不当，就容易心生嫌隙，引发兄弟之间的矛盾。

故《弟子规》说："兄道友，弟道恭。兄弟睦，孝在中。财物轻，怨何生？言语忍，忿自泯。"

其三，兄弟之间尽管同气连枝，有着深厚的感情基础，但他们各自的妻子，也就是妯娌之间，本是互不相识的路人，难以建立深厚的感情。因此，妻子如果不贤，其口舌往往会成为兄弟不和的导火索与催化剂。所以君子在处理与兄弟的关系时，需对妻子保持一定的警惕。

陈平父母早亡，家境贫穷，与哥嫂住在一起。哥哥陈伯努力耕种，供陈平在外游学读书。有邻人见陈平身大俊美，问他说："你家里贫穷，怎吃得这么胖？"他嫂子恨他不从事生产活动，发牢骚说："他也就只会吃糠粮呗。有这样的小叔子，还不如没有呢！"陈伯听说了妻子的话，怕陈平多心，立即将妻子赶回娘家，以示惩戒。

现代人遇到这种情况，多半得罪不起妻子；而要多方讨好，平衡各方的关系，需要高超的手段。

其四，差异大的人或陌生人富贵了，一般不会引发嫉妒；而兄弟之间不仅熟悉，而且起点相似，所以可攀比的地方很多——

富的，容易引起穷的嫉妒；孩子优秀的，容易引起孩子不优秀的嫉妒。而只要嫉妒心一生，兄弟之间的情谊自然会打折扣。

其五，兄弟虽是一根树枝上开出的不同花朵，可德行、性情、志趣却未必相同。舜宅心仁厚，他的同父异母兄弟象却如蛇蝎一般，三番五次加害他，要霸占他的财产与妻子。舜靠着机智与运气，才侥幸躲过兄弟的毒手。

传说有个叫法昭的禅师，曾写一偈劝兄弟之间珍惜情谊，说：

同气连枝各自荣，些些言语莫伤情；
一回相见一回老，能得几时为弟兄。
弟兄同居忍便安，莫因毫末起争端；
眼前生子又兄弟，留与儿孙作样看。

然而，兄弟之间要保持融洽的关系，只靠良好的愿望显然不够，还必须要正视问题，讲究技巧与策略，这绝非是件轻轻松松就能做到的事情。

君子求诸己，尽人事，使自己不会成为兄弟之间的麻烦制造者，而且尽力宽容兄弟、引导兄弟、感化兄弟，付出百分之百的努力去与兄弟和和睦睦。但即便如此，却难以做到百分之百兄友弟恭。因为君子友爱兄弟，却不敢保证兄弟也同样友爱自己；君子在钱财上不与兄弟计较，却不能保证兄弟不贪得无厌；君子能忍让兄弟，却不能保证兄弟不得寸进尺。

周公旦是圣人，无奈之下，却与三哥管叔、五弟蔡叔、八弟霍叔兵戎相见。李世民不可谓不英明，情势所逼，却与大哥李建成、弟弟李元吉火并于玄武门。

颜之推说:"父慈而子逆,兄友而弟傲,夫义而妇陵,则天之凶民,乃刑戮之所摄,非训导之所移也。"①

当然,不通情理、鬼迷心窍的人只是少数,大多数为人兄弟者,都是些既有良知,也有各种毛病的普通人。

对待普通人,若以君子的态度待之,便能收获一个君子兄弟;若以小人的态度待之,便会收获一个小人兄弟。

第五节　与父母的相处之道

孝,是君子修身立世、做事行道的根本。

孝,意味着爱与责任。一个人如果连至亲的父母都不爱不敬,其仁其义,何以谈起?一个人如果连养育自己的父母都不管不顾,其责任之心,又从何而来?

君子行孝,以爱护自己的身体为始。孔子云:"身体发肤,受之父母,不敢毁伤,孝之始也。"②

这一则因为,身体是孝敬父母的本钱,本钱如果没了,孝敬父母便成空话。孔子说:

> 孝子之事亲也,居则致其敬,养则致其乐,病则致其

---

① 颜之推《颜氏家训·治家第五》。大意:假如父亲慈爱有加而子女忤逆不孝,兄长友爱备至而弟弟倨傲不恭,丈夫仁义而妻子凶悍,那么这些人就是天生的凶恶之徒,只能用刑罚杀戮去震慑他们,而不是靠教育感化就能够改变的。

② 《孝经·开宗明义章第一》。

忧，丧则致其哀，祭则致其严。五者备矣，然后能事亲。①

而此五者，都需有个健康的身体做保证。

二则因为人子的身体为父母所遗，是家族绵绵生命链条上的一环，人子不仅没有资格损伤，而且还要靠此繁衍抚育后代，延续父母祖先的血脉。

三则因为父母深爱子女，子女轻身犯险，或者自我残害，会让父母伤心悲痛。事实上一个人遭遇不幸，熟人朋友不过对之报以同情惋惜，陌生大众不过将之当做茶余饭后的谈资；但对父母而言，则犹如天塌地陷，其哀伤悲痛深彻骨髓，难以用语言形容。

君子要爱护自己的身体，需要注意三个方面。

第一个方面，要注意饮食起居，注意调节情绪，注意劳逸结合，并辅以适当的养生锻炼。

第二个方面，要注意不去做无意义的冒险之事，孟子所谓"不立于危墙之下"。

第三个方面，要注意修身养德、行端立正、节贪欲、制血气，以避免触律犯科、招灾惹祸。孔子所谓：

> 事亲者，居上不骄，为下不乱，在丑不争。居上而骄则

---

① 《孝经·纪孝行章第十》。大意：孝子侍奉双亲，在照料起居时，要充分地表达出对父母的敬意；在供奉饮食时，要充分地表达出照顾父母的愉悦心态和表情；在父母生病时，要充分地表达出对父母健康的忧虑关切；父母去世时，要充分地表达出悲伤哀痛之情；祭祀的时候，要充分地表达出敬仰肃穆的神情。这五个方面都做到了，才算是侍奉双亲尽了孝道。

亡，为下而乱则刑，在丑而争则兵。三者不除，虽日用三牲之养，犹为不孝也。①

公元184年，张角发动太平道信众叛乱，东汉朝廷准备发兵镇压，有个叫向栩的大臣表示反对。灵帝问他有何高见，他说："只需派遣将领站在黄河边上，向北诵读《孝经》，贼军自可消灭。"

中常侍张让与向栩素有矛盾，便以向栩反对朝廷发兵镇压为由，诬陷他与张角同谋，欲为内应，将之逮捕，送到黄门北寺狱杀了。

后世人多笑向栩荒唐迂腐，殊不知向栩之计，为一种用意深远的心理战，并非完全没有可操作性。黄巾军尽管势大，也不过由一个个普通的贫民所组成。这些人上有父母，下有妻儿，如果朝廷能给他们活下去的希望，通过让他们学习《孝经》，唤起他们对父母、妻儿的家庭责任，他们自不会继续鲁莽作乱，跟着张角去赴死冒险。②

君子行孝，以爱为根，以敬为干，以奉养为枝叶。

通常情况下，物质上奉养父母，是考察一个人是否孝的必要的外在指标。如果某人对父母的饥寒不闻不问，那他的孝也就几

---

① 《孝经·纪孝行章第十》。大意：侍奉双亲，身居高位，不骄傲自满；为人臣下，不犯上作乱；地位卑贱，不激忿相争。身居高位而骄傲自满，就会灭亡；为人臣下而犯上作乱，就会被处以刑罚；地位卑贱而激忿相争，就会动用兵器，相互残杀。如果这三种行为不能去除，虽然天天给双亲提供用牛、羊、猪做的美味佳肴，那也不能算是行孝啊。

② 《后汉书·向栩传》。

乎无从谈起了。

但物质上奉养父母,却并非考察一个人孝否的最高指标。

假如纯粹以奉养父母的食物、衣服及财物的优厚程度来衡量孝,那么只有富人能做到孝,穷人连孝的资格都没有。

可是,这世上总有贫富之分,总有些人子因为能力、命运及其他原因,而不能发家致富。事实上,在大多数情况下,这世上饥寒交迫与处在温饱线上下的人,要远比实现了财务自由的人多得多。

难道只有富人才能尽孝,穷人就做不到孝吗?回答是否定的。《孝经》中说:"自天子至于庶人,孝无终始;而患不及者,未之有也。"也就是说:孝之道没有高低,无论贵者贱者、穷者富者,只要想做,没有做不到的。

对孝而言,比物质奉养更高一级的指标,是精神上的敬。

一个人即便送精美的食物给父母吃,买富丽堂皇的房子给父母住,也不能证明他就孝。因为他可能只是迫于外在的社会压力,不得不这样做。孔子曾讽刺这类人,说:

> 今之孝者,是谓能养。至于犬马,皆能有养;不敬,何以别乎?[1]

孔子的这句话是说:"有人错误地认为,孝,就是能厚养父母;可有些人不是也给自己养的犬马之类宠物以精美的食物与富丽堂皇住所吗?他如果不能敬自己的父母,那与饲养宠物有什么

---

[1] 《论语·为政篇第二》。

区别？"

相反，有些人虽然贫穷，但对父母非常尽心，辛辛苦苦赚些微薄的收入，尽自己所能奉养父母。他即便只能让父母穿粗衣，吃淡饭，也算是尽了孝道。

有一次，子路抱怨命运说："伤心啊，我太贫困了！父母在世时不能好好奉养，去世了不能按高规格的礼制安葬！"

孔子批评他说："吃豆饼，喝凉水，尽力做到使父母快乐，这就是孝。父母去世，用棺木收殓他们的遗体，下葬时虽没有椁，但只要与家境相称，也就是最高的礼了。"①

东汉时期的临淄人江革，从小就没了父亲，与母亲相依为命。有一年遭遇战乱，他背着母亲，避难于下邳，靠给人做雇工奉养母亲，自己赤着脚，供给母亲的各样东西却很丰盛，乡人视之为孝的榜样。

一般说来，贫穷并非羞耻之事，不应予以指责；而因贫穷不能供给父母锦衣玉食，也不应被嘲为不孝。

但是，有几种情况导致的贫困，是君子所耻。

第一种情况：懒惰。

第二种情况：有好吃、好喝、好赌、好抽等恶习。

第三种情况：有纵情声色、奢侈浪费的毛病。

孟子说：

> 一般人所谓不孝的事情有五种：四肢懒惰，不管父母的

---

① 《礼记·檀弓下第四》。原文：子路曰："伤哉，贫也！生无以为养，死无以为礼也。"孔子曰："啜菽、饮水，尽其欢，斯之谓孝；敛首、足、形，还葬而无椁，称其财，斯之谓礼。"

生活，是第一种不孝；嗜好赌博饮酒，不管父母的生活，是第二种不孝；贪财好货，只顾老婆孩子，不管父母的生活，是第三种不孝；纵情声色享乐，使父母蒙羞，是第四种不孝；逞勇好斗，连累父母，是第五种不孝。①

孝的最深层次，在于对父母的爱。

君子因为深爱父母，故不忍心父母遭罪受苦。晋代的濮阳人吴猛，少时家贫，夏夜没有蚊帐，他怕父母遭蚊虫叮咬，便总赤膊坐在父母的床前，任蚊虫叮咬也不驱赶，以便让父母睡个安稳觉。

西汉的薄太后生病，每次吃汤药时，他儿子汉文帝都怕烫着母亲，一定亲口尝一尝，才给母亲喝。他目不交睫，衣不解带，精心伺候母亲达三年之久。

君子因为深爱父母，故不忍心招父母不愉快。

　　子夏问孝。子曰："色难。有事，弟子服其劳；有酒食，先生馔，曾是以为孝乎？"②

孔子所说的"色难"，指的是人子在父母面前能保持和颜悦

---

① 《孟子·离娄下》。原文：孟子曰："世俗所谓不孝者五：惰其四支，不顾父母之养，一不孝也；博弈好饮酒，不顾父母之养，二不孝也；好货财，私妻子，不顾父母之养，三不孝也；从耳目之欲，以为父母戮，四不孝也；好勇斗很，以危父母，五不孝也。"（注："很"通"狠"）

② 《论语·为政篇第二》。大意：子夏问孝道。孔子说："子女在父母面前经常保持和颜悦色，是件很难的事。有事情，年轻人效劳；有酒菜，年长的人吃喝，难道这就是孝道么？"

色，不给父母脸色看，不招惹父母生气，是件相当难的事。

宋朝的黄庭坚虽身居高位，但每到晚上，都要亲手为老母洗涤溺器，而且数十年如一日，从未厌烦。

君子因为深爱父母，故不忍心让父母为自己担忧。

> 孟武伯问孝。子曰："父母唯其疾之忧。"①

孔子的话可以理解为：君子养德修身，谨慎勤勉，尽心照顾好自己，不让自己成为他人及社会的麻烦，也不违法犯罪，以让父母放心；而疾病非人力所能预控，那是父母唯一对君子的担忧所在。

还有一次，孔子告诫弟子们说：

> 父母在，不远游，游必有方。②

"父母在，不远游"，是为了便于照料父母；"游必有方"，则是为了让父母尽量不为远在外地的儿女们担惊忧虑。

君子因为深爱父母，故不想让父母犯错误，或者往坑里跳。

有一次，曾子锄瓜，误伤了瓜秧。他的父亲曾晳大怒，抄起一根大木棒打他。曾子不避不逃，任父亲打，结果被打昏了过去。孔子听说后既心痛又很生气，把他叫到跟前教训说：傻孩子啊，君子遇父母发怒打自己，"小棰则待过，大杖则逃走"。你父

---

① 《论语·为政篇第二》。
② 《论语·里仁篇第四》。

亲暴怒把你往死里打，你不逃避，如果不慎把你打死，那不仅陷你的父亲于不义，而且还会让他终生懊悔，你难道认为那是孝吗？况且他打死了天子之民，王法能不制裁他吗？①

还有一次，曾子问孔子说："为人子者，是否只有一味顺从父亲，才能称得上孝呢？"孔子予以否定，他说：

> 是何言与？是何言与？昔者天子有诤臣七人，虽无道，不失其天下；诸侯有诤臣五人，虽无道，不失其国；大夫有诤臣三人，虽无道，不失其家；士有诤友，则身不离于令名；父有诤子，则身不陷于不义。故当不义，则子不可以不争于父，臣不可以不争于君。故当不义，则争之；从父之令，又焉得为孝乎？②

《弟子规》说君子劝谏父母的方法：

> 亲有过，谏使更。
> 怡吾色，柔吾声。
> 谏不入，悦复谏。
> 号泣随，挞无怨。

君子行孝最高的层次是忠于国事，使父母获得荣耀。孔子所谓"立身行道，扬名于后世，以显父母，孝之终也"。③

---

① 《孔子家语·六本第十五》。
② 《孝经·谏诤章第十五》。
③ 《孝经·开宗明义章第一》。

君子在家，则尽孝于父母；为国做事，则移孝于国，为国尽忠。所以说君子具有家国情怀，深爱家国，在家能负起家庭的责任，为国能负起国家的责任。汉人韦彪说："孔子曰：'事亲孝，故忠可移于君。'是以求忠臣必于孝子之门。"①

再往更高处说，君子甚至还应当向天地大父母尽孝。曾子在一次给弟子们讲课时，引用孔子的话说："断一树，杀一兽，不以其时，非孝也。"②

孝道大矣。对父母尽孝，只是君子行仁道的开始。

第六节　待师之道

荀子云："君子隆师而亲友。"③ 意即君子尊崇老师而亲近朋友。

在中国的传统文化中，老师有着特别崇高的地位。鲁迅先生在《我的第一个师父》中写道："我家的正屋的中央，供着一块牌位，用金字写着必须绝对尊敬和服从的五位：'天地君亲师'。"

古谚云：男儿膝下有黄金，上跪天，下跪地，中间唯拜君亲师。

把老师与父母、君主并列而尊崇的观念，最迟在周代已经出现。公元前708年，晋武公讨伐翼城，杀晋哀侯，劝晋哀侯的大夫栾共子投降，承诺让栾共子掌管晋国的政务。栾共子拒绝，其言辞中有这样的话：

---

① 《后汉书·韦彪传》。
② 《礼记·祭义》。
③ 《荀子·修身》。

> 成闻之："民生于三，事之如一。"父生之，师教之，君食之。非父不生，非食不长，非教不知生之族也，故壹事之。①

荀子论礼，讲得更透彻。他说：

> 礼有三本：天地者，生之本也；先祖者，类之本也；君师者，治之本也。无天地恶生？无先祖恶出？无君师恶治？三者偏亡焉，无安人。故礼，上事天，下事地，尊先祖而隆君师，是礼之三本也。②

传统意义上的老师，承担着传道、授业、解惑的使命。故为人师者，需要具备两个条件：第一个条件，闻道在先；第二个条件，术业有专攻。

与之相对应，师也大致有两类，以教人谋生的技能为主，而以传道为辅者，从事的主要是职业型教育；以传道为主，而以授业为辅者，从事的主要是精英型教育。

所谓业者，主要指做事的知识、能力与技巧。

---

① 《国语·晋语一》。大意：我听说："人生于父亲、师傅、君主三种伦理关系，要始终如一地侍奉他们。"父亲给人以生命，师傅给人以教诲，君子给人以食禄。没有父亲，就不能出生；没有食禄，就不能成长；没有师傅的教诲，就不知自己生命的族类。因此，侍奉父亲、师傅、君主，要始终如一。

② 《荀子·礼论》。大意：礼有三个根本来源：天地是生命的起源，祖先是种族的起源，君师是天下大治的根源。没有天地，怎么会有生命？没有祖先，后代从哪里产生？没有君师，怎么治理天下？这三样缺少一样，人们都无法正常地生活。所以说，礼是上事奉天，下事奉地，尊敬祖先而推崇君师，这是礼的三个根本来源。

所谓道者，主要指的是做人的道理。传道，也就是传授做人的道理。古人认为，社会上除了少数天生的圣贤之外，一般人的气质之性，与禽兽相差无几，不能称之为"人"。而教育，不仅能给人以力量，而且还能把一般的人从动物群里超拔出来，让他们成为真正意义上的"人"。

换句话说，教师授业，就是提升人的能力与智慧；教师传道，就是为了完善与重塑人类的灵魂。这样的工作，当然崇高，理应受到尊重。

帝王虽是人世间的至高至尊者，但原则上却不能把自己的老师当臣子看待。根据古代的学礼，给天子授课，老师不必面向北方表示居臣位。

汉明帝到太常府去见自己的老师桓荣，让桓荣坐在东面，设置几杖，集合骠骑将军及东平王刘苍以下百官，当场行师生之礼。桓荣病重，明帝前去探视，入街即下车，恭敬地捧着经书到病床前，流泪殷勤问安。

唐贞观三年，太子的老师李纲患脚病，走路不方便，太宗李世民赐他轿子，让卫士抬着直入东宫，而且还诏令太子亲自引上殿，行师生之礼。

《白虎通义》说：

> 不臣受授之师者，尊师重道，欲使极陈天人之意也，故《礼·学记》曰："当其为师，则不臣也。当其为尸，则不臣也。"[①]

---

① 《白虎通义·卷六》。

君子视师如父，是因为父生人，师成人——父母给人身体，老师完善人的灵魂。人无肉体不能存活，人的灵魂不健康则无法立世。

　　《吕氏春秋》在劝学篇中言："曾子曰：'君子行于道路，其有父者可知也，其有师者可知也。夫无父而无师者，余若夫何哉？'此言事师之犹事父也。"

　　东汉魏昭请求拜大儒郭泰为师，说："经师易遇，人师难遭，愿在左右，供给洒扫。"郭泰听他说得恳切，答应了下来。

　　魏昭侍奉郭泰就如同侍奉父亲一样。有一次郭泰生病，让魏昭去煮粥，魏昭煮好粥后，恭敬地端上来，郭泰不满意，掷粥碗于地，斥责他说："你给长辈煮粥，不存敬意，使我不能进食！"魏昭恭敬退出，重新煮粥端上来，郭泰仍不满意，再次斥骂他。到魏昭第三次献粥时，郭泰见他姿容无变，才笑起来，说："以前只看到你的表面，从今以后，知道你的心了！"从此对他像儿子一样亲密。

　　岳飞早年跟从侠客周同学射，学完了老师的技艺，能熟练地左右开弓。周同去世，岳飞十分悲痛，每逢初一与十五，常到周同墓前摆设酒肉，哭泣祭拜，并拿出师傅赠的宝弓，连射三箭，以示不敢荒废所学。

　　然而，并非所有遇到的老师，都需事之如父。一般而言，师生之间有四种关系。

　　第一种，师生并无名分。见人有好的德行、技能，虚心学之；见人有不良习惯，引以为戒，力图避免之。此孔子所谓："三人行，必有我师焉。择其善者而从之，其不善者而改之。"[①]

[①] 《论语·述而篇第七》。

第二种，师生名分模糊，亦师亦友。

第三种，有师生名分，但只是普通的教与学，关系并不密切，学生与老师单独交往较少，甚至压根没有交往。譬如在现代的学校中，老师上课只是完成职业任务，与堂下的学生没有固定的关系。

第四种，有师生名分，而且通过投帖拜师等仪式，建立起了稳定的感情与利益联系。学生入师门，与老师成为一家人，血脉相连，形成师徒关系，自称弟子，对老师尊称师父。严格而言，学生一旦成为某师的门下弟子，哪怕只一日，也须终生以父事之，关汉卿有言，"一日为师，终身为父"。

传统上，经过正式拜师仪式所收的弟子，称门内弟子或嫡传弟子；没有经过正式拜师仪式，但也经过老师认可的弟子，称为记名弟子；只是跟老师学习过，但没有入老师之门者，只能算是学员或学生。

孔子当年开馆所收的学生，多数属于第四种。孔子去世，众弟子按照当时的待父之礼，服丧三年，然后相诀而去。独子贡情有不忍，结庐墓旁，又守墓三年。

君子择师，既谨慎，又不过慎。谨慎，是怕误从庸师，误学误身；不过慎，是因人无完人，苛求师，则无师可从。韩愈云：

> 孔子师郯子、苌弘、师襄、老聃。郯子之徒，其贤不及孔子。孔子曰："三人行，则必有我师。"是故弟子不必不如师，师不必贤于弟子。[①]

---

① 韩愈《师说》。

师若学高，敬其学；师若身正，敬其德；师若技熟，敬其艺。学高、身正、艺精合于一身的老师可遇不可求，人生如能遇见，得入其门，幸矣！

第七节　朋友相处之道

人，天然是群居性的，相互之间既需要感情上的交流与契合，也需要利益上的帮衬与互助。而要实现这一切，在家需靠父母、兄弟及配偶；在工作场所，则需靠领导与同事；在社会上，需要靠朋友。故儒家重五伦——父子、兄弟、夫妻、君臣、朋友，认为没有人能自外于五伦。

朋友这一称谓，散发温暖而美好的光辉。

培根说："在没有友谊和仁爱的人群中生活，那种苦闷正犹如一句古代拉丁谚语所说：'一座城市如同一片旷野。'人们的面目淡如一张图案，人们的语言则不过是一片噪声。"[1]

西周的诗人咏朋友的重要性，云：

> 伐木丁丁，鸟鸣嘤嘤。
> 出自幽谷，迁于乔木。
> 嘤其鸣矣，求其友声。
> 相彼鸟矣，犹求友声。

---

[1]〔英〕弗兰西斯·培根《培根人生论》，何新译，湖南文艺出版社，2012年7月第1版，第89页。

矧伊人矣，不求友生？①

1819年（嘉庆二十四年），龚自珍与一个叫宋翔凤的学者一见如故，结为好友。后来龚自珍写了一首诗赠给他，感叹得到朋友的激动，说：

游山五岳东道主，拥书百城南面王。
万人丛中一握手，使我衣袖三年香。②

然而，朋友又是复杂的。孔子说："有益的朋友有三种，有害的朋友有三种。正直的朋友、诚实有信的朋友、见多识广的朋友，有益；逢迎谄媚的朋友、圆滑无信的朋友、花言巧语的朋友，有害。"③

贾岛在一首诗中，劝人交友需慎重，说：

君子忌苟合，择交如求师。④

在生活实际中，交友一般基于三个方面：一是志趣相合，二是脾气相投，三是能在利益与事业上相互支持依靠。

---

① 《诗经·小雅·伐木》。大意：咚咚作响伐木声，嘤嘤群鸟相和鸣。鸟儿出自深山谷，飞来落在高树丛。鸟儿嘤嘤鸣不停，只是为了求知音。仔细端详那鸟儿，尚且求友欲相亲。何况我们是人类，岂能无友度一生？
② 龚自珍《投宋于庭翔凤》。
③ 《论语·季氏篇第十六》。原文：孔子曰："益者三友，损者三友。友直，友谅，友多闻，益矣。友便辟，友善柔，友便佞，损矣。"
④ 贾岛《送沈秀才下第东归》。

志趣相合的人，同类相从，同声相应，最容易成为朋友。大儒郑玄说"朋友"二字的含义为："同师曰朋，同志曰友。"

　　可是，志有远大，有良善；也有庸俗，有邪恶。趣有高，有雅；也有低俗，有变态。

　　物以类聚，人以群分。志趣高雅的人，会与志趣高雅的人相互吸引；志趣低俗的人，会与志趣低俗的人相互吸引；志趣污邪的人，会与志趣污邪的人相互吸引。

　　什么人玩什么鸟，善人交善朋友，滥人交滥朋友。孔子云："不知其人视其友。"即便如秦桧这样的人，也有三个臭味相投的好友。

　　因此，一个人若想交志趣高远、为人方正的朋友，需要自己先志存高远，脱离低级趣味。自古英雄惜英雄，君子敬君子，油腻花邪的西门庆，只能与应老二、花子虚之流厮混，不可能与呼保义宋江结为兄弟。管宁之所以与华歆割席断交，是因为他感觉自己与华歆"三观"不同，志趣相异。

　　脾气相投的人，在一起感情融洽，舒服自在，也容易成为朋友。

　　人的性情各不相同，有的人冷傲，有的人随和；有的人急躁，有的人和缓；有的人开朗，有的人内向。

　　不同性情的人，有的脾气能相合，见了就感到亲近。曹雪芹描写黛玉见宝玉的情景：黛玉一见，便吃一大惊，心下想道："好生奇怪，倒像在那见过一般，何等眼熟到如此！"

　　而还有一些人，则脾气相克，见面就不对付，相互感到厌烦；一起说话，相互客气尚可，一旦话题深入，立即就不投机。

　　有些类型的人，容易招朋友，不管到哪里，朋友一大堆；还有些类型的人，不易交朋友，到哪里都容易孤单。

容易招朋友者，一般拥有讨人喜欢的脾性，但这种讨人喜欢的脾性可能是好的，也可能是不好的。君子谦虚随和，多才多艺，能交一大帮朋友；小人便辟、善柔、便佞，也照样能交一大帮朋友。

总体而言，与说话好听、处世圆滑、善于逢迎的人相处比较舒服，但是明智的君子会保持警觉，尽量远离他们。因为这样的人只是皮面柔善，实际鲜仁寡耻，当面一套背后一套，满肚子算盘响，根本靠不住。

在利益与事业方面能够相互依靠、相互支持的人，也容易结为朋友。

这样的朋友，往往与圈子有关：在商业圈子中，有商友；在政治圈子里，有政友；在学术圈子里，有学友；在社会上的混混圈子里，有酒肉朋友。

君子因公利而相互结为朋友，坦坦荡荡。小人为谋私利而狼狈为奸，蝇营狗苟。孟郊在一首诗中说小人的势利之交：

面结口头交，肚里生荆棘。[①]

王通等人认为，不以道义为基础的功利之交靠不住，所谓：

以势交者，势倾则绝；以利交者，利穷则散。[②]

---

① 孟郊《择友》。
② 王通《中说·礼乐篇》。

欧阳修赞同这种观点,他认为君子据道义,谋公利,结交的朋友是真朋友;小人不顾道义,据私利而结交的朋友根本算不上真朋友。他在给朝廷上的一份奏章中议论说:

> 臣谓小人无朋,惟君子则有之。其故何哉?小人所好者禄利也,所贪者财货也。当其同利之时,暂相党引以为朋者,伪也;及其见利而争先,或利尽而交疏,则反相贼害,虽其兄弟亲戚,不能自保。故臣谓小人无朋,其暂为朋者,伪也。
>
> 君子则不然。所守者道义,所行者忠信,所惜者名节。以之修身,则同道而相益;以之事国,则同心而共济;终始如一,此君子之朋也。故为人君者,但当退小人之伪朋,用君子之真朋,则天下治矣。①

欧阳修是对的,纯粹为了私利而交的朋友,很少能交深交远。而就交情的深浅而言,朋友实际可分很多层次。

交情最深者,称刎颈之交。

相传战国时期有个叫羊角哀的燕国人,与左伯桃为友。他们听说楚王善待士,便相约一同赴楚。半路遇上大雪,两人困于野外,缺粮少衣,饥寒交迫。左伯桃担忧两人俱死,便脱衣留粮给羊角哀,自己躲到树洞中冻死了。

羊角哀到楚国后,受到楚王重用,显贵发达,他带人找到好友的遗体,将之埋葬。过了些日子,左伯桃托梦给羊角哀,说自己的墓靠近荆轲的墓,常遭荆轲欺负。羊角哀悲伤,来到左伯桃

---

① 欧阳修《朋党论》。

墓前拔剑自杀，入地府帮助好友抵御荆轲的欺凌。①

交情次深者，称知己之交。

管仲与鲍叔牙是好友，两人一同做买卖，分财时管仲往往多拿，鲍叔牙不怪罪管仲贪婪，而是认为那是他家贫的缘故。管仲曾给鲍叔牙出谋划策，结果把事情办砸了，鲍叔牙不怨他无能，却认为那是时机不合适的缘故。管仲从军打仗，多次失败逃跑，鲍叔牙不讥讽管仲胆小，反而说那是因他堂上有老母的缘故。管仲后来感叹说："生我者父母，知我者鲍子也。"

伯牙善鼓琴，钟子期善识琴音。伯牙鼓琴志在高山，钟子期说，"善哉，峨峨兮若泰山"；志在流水，钟子期说，"善哉，洋洋兮若江河"。后来钟子期死了，伯牙谓世再无知音，乃破琴绝弦，终身不复弹奏。②

除此之外，明人苏浚认为，朋友可分出四类，他说：

> 道义相砥，过失相规，畏友也；缓急可共，死生可托，密友也；甘言如饴，游戏征逐，昵友也；利则相攘，患则相倾，贼友也。③

君子交友，当然可以淡如水，但也可以夹杂一些利益，只是这些利益要符合道义。人交友，不仅是情感与精神上的需要，也是利益上的需要。

君子交友，当然应当相敬相重，但与有些脾性相投的朋友，

---

① 冯梦龙《喻世明言·羊角哀舍命全交》。
② 《列子·汤问》。
③ 苏浚《鸡鸣偶记》。

也不妨昵一些。戏谑逗乐，只要无伤大雅，能适情相悦，也不为过。人在生活工作中，不可能老是端着，若有昵友玩笑一下，适当放松情绪，也可益于身心健康。但是，那些手握重权的人除外，王侯忌讳交昵友。

君子交友，当然不分贵贱贫富，但很在意其正邪善恶。好的朋友，能益学辅仁；坏的朋友，能导人为恶。清人金缨说：

> 人若近邪友，譬如一枝柳。
> 以柳贯鱼鳖，因臭而得臭。①

孔子说：

> 与品行高尚的人交往，就像进入有香草的屋子，时间长了闻不到香味，那是因为自己身上也沾满了香气。与品行低劣的人交往，就像到了卖鲍鱼的地方，时间长了闻不到臭味，那是因为自己也满身臭味了。放朱砂的地方，易被染成红色；储藏墨漆的地方，易被染成黑色，所以君子必须谨慎选友。②

君子交友，当然希望相互之间的关系融洽和谐，但更希望朋友能善意地批评自己，甚至严厉地指出自己的过失与错误。有诤友的人有福，《孝经》上说："士有诤友，则身不离于令名。"

---

① 金缨《格言联璧》。
② 《孔子家语·六本第十五》。原文：与善人居，如入芝兰之室，久而不闻其香，即与之化矣。与不善人居，如入鲍鱼之肆，久而不闻其臭，亦与之化矣。丹之所藏者赤，漆之所藏者黑，是以君子必慎其所与处者焉。

但是，君子若发现朋友的过失或错误，虽要提醒批评，却需谨慎，而且一定要讲究艺术。对于交情浅者，不能言深言重；对于拒不接受批评的朋友，要适可而止。子贡问与朋友的相处之道，孔子说："忠告而善道之，不可则止，毋自辱焉。"①

　　另外需要注意，按照一般的人情规律，人在年少未婚之前，交朋友多基于道义、志趣与性情，很少牵扯利益，所以相互之间的友谊最纯最真。人一生中感情最深、最为重要的好朋友，多数都是这一时期所结交。结婚之后，出于家庭责任的考虑，结交的朋友往往与利益相关，而且多是私利。所以，婚后交友，多比较势利，人情表面厚，实际薄于纸。

　　韩愈说："衰暮思故友"。② 年少时的旧友谁不怀念？

---

① 《论语·颜渊篇第十二》。
② 韩愈《除官赴阙至江州寄鄂岳李大夫》。

第六章　君子人格的隐喻

第一节　坚韧高洁——松

在中国，松是一种极为平常的树，无论旷野与荒岭，无论幽谷与险峰，无论村头与城郊，处处都能看到它们的身影。

君子爱松，喜欢引松自喻，那是因为松有三德。

松之第一德，在于其表面淡泊随和，实际上却原则性、抗压性极强。

在春夏季节，桃李斗艳，槐榆争姿；而松却修身自好，甘愿平凡，既不在喧嚣与繁华中卖弄，也不怨不妒，淡泊而宁静。

可当冬日来临，冰雪如刀，草木肃杀，天地间一片空寂枯黄，这时如果行走于荒山或旷野之中，偶然看到一株青松突兀独立，苍劲的枝干撑起一片鲜绿的浓云，葱郁凝重，于凛冽的寒风中安详从容，那种意象，足以震撼人心。

孔子云：

> 岁寒，然后知松柏之后凋也。[1]

君子在平素与普通人无异，甚至不如普通人光鲜；但当临利

---

[1] 《论语·子罕篇第九》。

害、遭事变、遇困难之时，则会显出不平凡的本色，故荀子说"事不难无以知君子"。①

诗人赞它：

> 虽小天然别，难将众木同。
> 侵僧半窗月，向客满襟风。
> 枝拂行苔鹤，声分叫砌虫。
> 如今未堪看，须是雪霜中。②

春秋时，齐国大臣崔杼杀齐庄公，另立庄公的异母弟杵臼为新君。崔杼专断朝政，不许齐太史写他弑君之事。齐太史不从，秉笔直书，崔杼发怒，杀太史伯。太史伯的两个弟弟太史仲和太史叔仍不从，继续如实记载，也先后被崔杼所害。

崔杼告诉太史的四弟太史季："你三个哥哥皆死，你难道不惧？按我的要求，把庄公写成暴病而亡吧。"太史季答："据事直书，史官之责，失职求生，不如去死。此事迟早会被人知道，我即使不写，也掩盖不了你的罪责，反倒落下个千古笑柄。"崔杼无话可说，放了他。太史季走出来，遇到南史氏执简而来，南史氏以为他已被杀，准备来继续实写此事。③

崔杼弑君，气焰炙人，齐国大小官员战战兢兢，鲜有敢违抗者。齐国太史，不过是普通的官吏，却拂逆崔杼的意志，死而不屈。他们兄弟如果不遇此事变，或许会默默无闻走完一生，没人

---

① 《荀子·大略》。
② 杜荀鹤《题唐兴寺小松》。
③ 《左传·襄公二十五年》。

知道他们青松一般的品格。

刘桢在《赠从弟》一诗中,咏松说:

> 亭亭山上松,瑟瑟谷中风。
> 风声一何盛,松枝一何劲。
> 冰霜正惨凄,终岁常端正。
> 岂不罹凝寒?松柏有本性。

范云《咏寒松诗》云:

> 修条拂层汉,密叶障天浔。
> 凌风知劲节,负雪见贞心。

松之第二德,在于其志存高远。

松或生于庭院,或生于荒郊,或生于沃野,或生于瘠岩。不管境遇如何,都不失栋梁之志。它默默而努力地扎根,慢慢地向上舒展枝条,不急不躁,不卑不亢,不慕桃李之繁华,不务杨柳之虚名,即便受欺于蓬蒿,也不在意计较。因为它知道自己是谁,也知道自己的目标。

杜荀鹤《小松》诗云:

> 自小刺头深草里,而今渐觉出蓬蒿。
> 时人不识凌云木,直待凌云始道高。

范仲淹两岁丧父,母亲贫困无依,只好改嫁常山朱氏。范仲淹长到一定年龄，有兼济天下的抱负。他苦读于醴泉寺，因家境贫寒，常用小米煮粥，隔夜凝固后，用刀切为四块，佐一些醋汁腌菜，早晚各食其半。

稍长大后，他又辞别母亲，到应天书院攻读，五年间睡不解衣，发昏疲倦，便用冷水冲头洗脸。一般人不能忍受之苦，范仲淹却不在意。他以松树自励，写诗说：

> 白云无赖帝乡遥，汉苑谁人奏洞箫？
> 多难未应歌凤鸟，薄才犹可赋鹪鹩。
> 瓢思颜子心还乐，琴遇钟君恨即销。
> 但使斯文天未丧，涧松何必怨山苗。①

大中祥符七年（公元1014年），宋真宗率百官到亳州拜谒太清宫，浩浩荡荡的车队经过应天府。市民学子纷纷涌上街头，争先恐后一睹皇帝龙颜，唯独范仲淹仍闭门埋头读书。有个同学跑来劝他，不要错过了千载难逢看皇帝的机会，他头也不抬，只是淡淡地回了句："将来再见也不晚。"第二年，范仲淹考中进士，果然在朝堂上见到了宋真宗。

唐朝诗人崔涂，客游山中，见涧边险处有一株不起眼的小松树，扎根石缝，正茁壮地成长，不禁感慨，咏叹道：

> 寸寸凌霜长劲条，路人犹笑未干霄。

---

① 范仲淹《睢阳学舍书怀》。

南园桃李虽堪羡，争奈春残又寂寥。①

松之第三德，在于其品性高洁。

青松亭亭直立，拔于灌木，沐雨露，迎风雪，拒绝污浊，不同流俗，宠不骄，辱不躁，如禽中之鹤，容雅心贞。

晋国的佛肸据中牟叛乱，他一边列出官禄，一边烧沸大鼎，说："跟从我的享受荣华，不跟从我的下鼎烹死。"中牟的士人害怕，都选择跟随他。

住在城北的田基最后赶到，见此情景，脱下衣服就要往鼎里跳，说："我听说作为义者，即使高官厚禄摆在前，如果不合适，也不接受；即便斧钺随在身后，如果合适，也不回避。"佛肸受感动，阻止田基入鼎，放他走了。

后来赵简子平息叛乱，攻占中牟，论功之时，首推田基。田基说："我听说廉士不羞辱他人。我若受功，让中牟之士终身惭愧，恐不合适。"他为避功，回家背起老母，南迁到了楚国。

陈毅赞松树的高雅与纯洁，说：

大雪压青松，青松挺且直。
要知松高洁，待到雪化时。②

历代高人雅士爱松者甚众。

苏东坡不仅爱松，还喜植松。据《东坡杂记》载，他少年之时，"颇知种松，手植数万株，皆中梁柱矣"。又有诗句云："我

---

① 崔涂《涧松》。
② 陈毅《青松》。

昔少年日，种松满东冈。"①

李太白亦爱松，说："为草当作兰，为木当作松。兰秋香风远，松寒不改容。"②

李白有个叫韦黄裳的朋友，混迹官场，沾染上了结交权贵的习气，李白劝勉他要学华山松，既不要向困难低头，也不要媚人自污，赠诗说：

> 太华生长松，亭亭凌霜雪。
> 天与百尺高，岂为微飙折？
> 桃李卖阳艳，路人行且迷。
> 春光扫地尽，碧叶成黄泥。
> 愿君学长松，慎勿作桃李。
> 受屈不改心，然后知君子。③

王勃不得志，负愁游蜀，于一高山深涧、人迹罕至处，见一巨松"苍然百丈"，虽默默无闻，不见用于当世，却紫叶吟风，苍条振雪，"保贞容之未缺"。

他感慨松树的品性，心结渐解，自我劝慰说："徒志远而心屈，遂才高而位下。斯在物而有焉，余何为而悲者？"④

李绅专为松作赋，赞它说：

---

① 苏轼《戏作种松》。
② 李白《于五松山赠南陵常赞府》。
③ 李白《赠韦侍御黄裳》。
④ 王勃《涧底寒松赋》。

穹石盘薄而埋根，凡经几载；古藤联缘而抱节，莫记何年。

于是白露零，凉风至；林野惨栗，山原愁悴。彼众尽于玄黄，斯独茂于苍翠，然后知落落高劲，亭亭孤绝。其为质也，不易叶而改柯；其为心也，甘冒霜而停雪。叶幽人之雅趣，明君子之奇节。

若乃确乎不拔，物莫与隆，阴阳不能变其性，雨露所以资其丰。擢影后凋，一千年而作盖；流形入梦，十八载而为公。不学春开之桃李、秋落之梧桐。①

第二节　虚心有节——竹

在很早以前，诗人就开始把竹与松相提并论，如"秩秩斯干，幽幽南山。如竹苞矣，如松茂矣"，②并把竹子与君子联系在一起，如"瞻彼淇奥，绿竹猗猗。有匪君子，如切如磋，如琢如磨"。③

竹子有君子的品性，它翠绿而清雅。宋代孤山法师释智圆赞它：

---

① 李绅《寒松赋》。
② 《诗经·小雅·斯干》。大意：前有流水清清的溪涧，后有林木幽幽的南山。山水之间有成片的苍翠的绿竹，也有茂盛的连绵的青松。
③ 《诗经·卫风·淇奥》。大意：瞻望那淇水转弯处，翠绿的竹林多茂密。有斯文君子在学习，他时而与师友切磋，他时而独沉思琢磨。

> 移去群花种此君，满庭寒翠更无尘。
> 暑天闲绕烦襟尽，犹有清风借四邻。①

竹子虚心有节。旧时竹器店的楹联，常这样写：

> 虚心成大器，劲节见奇才。

或者：

> 未出土时先有节，及凌云处尚虚心。

竹子不惧霜雪。相传有一首关羽托物寄情的诗，这样说：

> 不谢东君意，丹青独立名。
> 莫嫌孤叶淡，终久不凋零。②

竹子挺拔直立，宁折不弯。郑板桥在《题墨竹图》中说它：

> 细细的叶，疏疏的节；
> 雪压不倒，风吹不折。

文天祥的父亲文仪酷爱竹，在自家的竹林旁筑一室做书房，

---

① 释智圆《庭竹》。
② 《关帝诗竹》。

自号竹居。文天祥年幼时，跟随父亲读书，见窗外翠株竿竿，绿叶洒洒，便问父亲为何爱竹。父亲告诉他，竹子"身可焚而不可毁其节，干可断而不可改其直"，勉励他要向竹子学习。据传，自此之后，文天祥把"像竹子一样做人"，当成了自己的座右铭。

竹子不务虚玄，积极用世。苏东坡在《记岭南竹》中说：

> 岭南人，当有愧于竹。食者竹笋，庇者竹瓦，载者竹筏，爨者竹薪，衣者竹皮，书者竹纸，履者竹鞋，真可谓一日不可无此君也耶！

竹子洁身自好，不染尘俗。南梁刘孝先咏叹它：

> 竹生空野外，梢云耸百寻。
> 无人赏高节，徒自抱贞心。
> 耻染湘妃泪，羞入上官琴。
> 谁能制长笛，当为吐龙吟。[①]

若学竹子那样做人，一般人也可渐成君子。刘禹锡在《庭竹》一诗中写道：

> 露涤铅粉节，风摇青玉枝。
> 依依似君子，无地不相宜。

[①] 刘孝先《咏竹》。

白居易喜欢栽竹赏竹，他直接把竹子比喻为君子，说：

> 竹似贤，何哉？
> 竹本固，固以树德；君子见其本，则思善建不拔者。
> 竹性直，直以立身；君子见其性，则思中立不倚者。
> 竹心空，空以体道；君子见其心，则思应用虚受者。
> 竹节贞，贞以立志；君子见其节，则思砥砺名行，夷险一致者。
> 夫如是，故君子人多树之，为庭实焉。①

同类相惜，同声相求。竹本生于山野深谷，君子爱之，移栽于庭院，以亲之友之，怡情悦心。

王羲之爱鹅，他的儿子王子猷（王徽之）则极爱竹。

此公性雅而不拘小节，有一次经过吴中，听说有户士大夫人家的竹园很好，便想去看看。竹园主人料他会来，洒扫布置一番，端坐于正厅等他。王子猷乘坐轿子直入竹园，吟啸良久，兴尽即欲出门而去。那家主人忙让奴仆关上大门，不让他走。王子猷认为主人不俗，才留步坐下，尽欢而去。

还有一次，王子猷暂借朋友家的一座空宅寄居，刚搬过去，便令人种竹。有人问："只是暂住，何必烦劳呢？"王子猷啸咏很久，直指竹子说："何可一日无此君？"②

后来，苏东坡借王子猷的典故抒怀说：

---

① 白居易《养竹记》。
② 《世说新语·任诞第二十三》。

宁可食无肉，不可居无竹。

无肉令人瘦，无竹令人俗。

人瘦尚可肥，士俗不可医。①

王守仁的爷爷王伦极爱竹子，凡见谁家造竹屋，便说："此吾直谅多闻之友，何可一日相舍也？"王守仁受贬贵州龙场驿，为栖迟寄怀，亲自动手伐木，因陋就简，造了一座亭子。他在亭子四周环植竹子，名之为君子亭，并著文记之。

竹有君子之道四焉：

中虚而静，通而有间，有君子之德。

外节而直，贯四时而柯叶无所改，有君子之操。

应蛰而出，遇伏而隐，雨雪晦明，无所不宜，有君子之时。

清风时至，玉声珊然，中《采齐》而协《肆夏》，揖逊俯仰，若洙、泗群贤之交集；风止籁静，挺然特立，不挠不屈，若虞廷群后，端冕正笏而列于堂陛之侧，有君子之容。

竹有是四者，而以君子名，不愧于其名；吾亭有竹焉，而因以竹名名，不愧于吾亭。②

清人郑板桥更是竹子的粉丝，他说"举世爱栽花，老夫只栽竹"。③ 他不仅栽竹，还画竹，以竹明志，借竹消除心中的块垒。

---

① 苏轼《於潜僧绿筠轩》。
② 王守仁《君子亭记》。
③ 郑板桥《竹》。

他在潍县为县令，同僚向他索画，他画几竿墨竹，题诗说：

> 衙斋卧听萧萧竹，疑是民间疾苦声。
> 些小吾曹州县吏，一枝一叶总关情。①

后来，他官场不顺，愤而辞职，临行画竹赠潍县士民，题诗说：

> 乌纱掷去不为官，囊橐萧萧两袖寒。
> 写取一枝清瘦竹，秋风江上作渔竿。②

而且郑板桥还好以竹自喻。他不愿迎合世俗，便写："一节复一节，千枝攒万叶。我自不开花，免撩蜂与蝶。"③

他生活不顺，心中苦闷，便专画扎根在贫瘠石缝中的竹子，以砥砺志节，他曾在一幅竹石图上题诗说：

> 咬定青山不放松，立根原在破岩中。
> 千磨万击还坚劲，任尔东西南北风。④

乾隆二十七年（1762年），已逾古稀的郑板桥再画竹石图：但见一块巨石之上，直立数竿擎天的瘦竹，犹如一位嶙峋倔强的

---

① 郑板桥《潍县署中画竹呈年伯包大中丞括》。
② 郑板桥《画竹别潍县绅士民》。
③ 郑板桥《竹》。
④ 郑板桥《竹石》。

老人，当风而啸。他在画的右上角空白处，题诗一首：

  七十老人画竹石，石更凌嶒竹更直。
  乃知此老笔非凡，挺挺千寻之壁立。①

  孔子说："不知其人视其友。"其实，不知其人，还可以观其嗜好，观其喜爱的植物。一个爱竹之人，即便算不上君子，大约也不至于过分猥琐油腻。

第三节 傲雪愈香——梅

  牡丹姿色超群，雍容华贵，民间推之为花王，但士君子多不认可，嘲牡丹为富贵俗花，而推梅花为花王。李渔说："花之最先者梅，果之最先者樱桃。若以次序定尊卑，则梅当王于花，樱桃王于果。"②
  梅花淡雅而清香，不惧严寒，"更无花态度，全有雪精神"。③与松、竹，号"岁寒三友"。春节期间，许多人家大门上都爱贴这样一副春联：

  松竹梅岁寒三友，桃李杏春风一家。

  梅花是花中的勇者。

---

① 郑板桥《竹石》。
② 李渔《闲情偶寄·梅》。
③ 辛弃疾《临江仙·探梅》。

在天寒地冻、雪飞冰坚的时节，千草万木哀愁苦闷，近于绝望；而梅花却在这个时候凌寒开放，以鲜艳的色彩、怡人的香味，给软弱者以力量，给绝望者以希望，给死寂的大地报告春的消息。唐诗人齐己咏它：

> 万木冻欲折，孤根暖独回。
> 前村深雪里，昨夜一枝开。①

陈亮称赞它：

> 欲传春信息，不怕雪埋藏。②

同时，梅花还是花中的义者。

当春天真的被唤回之时，万木复苏，百花渐次开放，梅花却不争不喧、不嫉不妒，淡然隐于一些不起眼的角落，欣慰地笑着，甘愿在春风中慢慢凋零。

毛泽东咏唱曾经绽放在悬崖坚冰上的一株梅花，赞它有功不居：

> 俏也不争春，只把春来报。
> 待到山花烂漫时，她在丛中笑。③

---

① 齐己《早梅》。
② 陈亮《梅花》。
③ 毛泽东《卜算子·咏梅》。

陆游在一首诗中，也赞扬梅花的这种品质：

> 雪虐风饕愈凛然，花中气节最高坚。
> 过时自合飘零去，耻向东君更乞怜。①

晋文公重耳早年遭谗，在外逃亡十九年。介子推跟随他颠沛流离，尝尽艰辛。有一年在卫国遭遇偷盗，他们君臣断粮，重耳因长时间食不果腹，饥饿过度，几乎要晕死过去。介子推为了让重耳活命，在山沟里割下腿肉，用野草煮成汤羹，给重耳吃。重耳大为感动，声称将来一定好好报答介子推。

重耳回国做了国君，因周室变乱，忙于勤王，未尽行赏。当年与介子推一同追随重耳流亡的一些人，想主动请赏，便拉介子推一同行事。介子推认为，自己追随晋文公流亡是尽臣子应尽的责任，而晋文公能回国即位实乃天意，自己谈不上功劳，只是宜于时、宜于事而已，接受赏赐都算耻辱，更何况主动乞赏？

为避免为爵禄所污，他悄然遁迹于绵山，像一株春后的老梅，在深谷密林中隐居了起来。

另外，梅花还是花中的贞者。

梅花不论生在园林，还是生在僻壤，不论生在堂前，还是生在没有人迹的荒野，不管遭逢如何，它都该开放时开放，该飘零时飘零，不为富贵所诱，不为贫贱所移。而且，天愈寒冷，它的香愈清远。

宋璟早年科考落第，郁郁寡欢，随叔父到东川（今邢台县东

---

① 陆游《落梅》。

川口一带），寄居在馆舍之中。他因连续数月生病，身体虚弱，只能在附近散步。有一次，他在一堵倒塌的墙边，看到一株梅花被草木遮掩，不禁触景生情，喟然叹息说："哎呀梅花！生在这样的地方，纵使资质出众，又与草木有何分别？不过若你那贞心不改，那也是可取的。"

宋璟随即以梅花自喻，写了一篇《梅花赋》。

他的伯父看了，觉得此赋虽赞扬了梅花的美丽与坚贞，却隐隐有些许不平的怨气。他勉励宋璟放大自己的格局，说："万木凋零枯败，只有梅花吐英满树，晶莹似冰，亭亭玉立，冰封雪冻，不改本质。你善于体察事物之理，还望你学梅花将节操永固。"[1]

另一方面，梅花的香味虽雅逸，却不冷傲，它清甜而让人感到亲切，王安石在一首诗中这样吟它：

> 墙角数枝梅，凌寒独自开。
> 遥知不是雪，为有暗香来。[2]

梅花的香气持久不衰，它像君子坚贞的品德，让人敬慕，又

---

[1] 宋璟《梅花赋》。原文：

垂拱三年，余春秋二十有五。战艺再北，随从父之东川授馆舍。时病连月，顾瞻危垣，有梅花一本，敷蕍于榛莽中。喟然叹曰："呜呼斯梅！托非其所出群之姿，何以别乎？若其贞心不改，是则足取也已！"感而乘兴，遂作赋曰……

从父见而勖之曰："万木僵仆，梅英载吐；玉立冰洁，不易厥素；子善体物，永保贞固！"

[2] 王安石《梅花》。

让人赞叹。陆游在一首词中说它：

> 无意苦争春，一任群芳妒。
> 零落成泥碾作尘，只有香如故。①

美，可以说是梅花的容貌；香，可以说是梅花的灵魂。梅花既美又香，有时就像贞洁贤良的女子，让人恋，让人着迷。

彭玉麟是湘军的水师统帅，骁勇善战，为人清正，善于作诗绘画。他年少时，与一个女孩情投意合，私订终身。这个女孩人称梅姑，论辈分是彭玉麟的姨。后来，家人暗中反对他们的婚事，将梅姑嫁给了别家姚氏。四年后，梅姑死于难产，彭玉麟悲痛欲绝，哭吟"一生知己是梅花"，发誓用余生画十万梅花以纪念梅姑。

他利用军务之暇，挥毫画梅，每成一幅，必盖一章，上题"伤心人别有怀抱"或"一生知己是梅花"。后来辞官，他筑"梅花坞"，继续画梅。据说用四十年工夫，他才完成了画梅十万朵的夙愿。

其实，彭玉麟画梅，既是为了纪念情人，也是自喻，所谓："守素耐寒知己少，一生唯与雪交融。"

宋代的林逋爱梅如痴，结庐杭州孤山，以读书种梅为乐。此外，他还养鹤，每出游西湖诸寺庙，有客至，家童便纵鹤放飞，他见鹤即棹舟归来。

林逋终生不仕不娶，自谓"以梅为妻，以鹤为子"。他写过

---

① 陆游《卜算子·咏梅》。

许多与梅花有关的诗,其中有两句被誉为咏梅绝唱:

> 疏影横斜水清浅,暗香浮动月黄昏。①

与林逋相似,清代的童钰也是个为梅花而生、为梅花而死的传奇人物。

童钰幼时便迷恋梅花,酷爱画梅,友人梦见童钰化为梅花二树,好奇告之,他即索性以"二树"为号。他自篆闲章两枚,一枚刻"不知是我是梅花",一枚刻"万幅梅花万首诗"。他曾写《画梅》诗,云:

> 十丈炎威十丈尘,毫端犹见雪精神。
> 莫嫌拂袖多寒气,我是人间避热人。②

病重期间,他让儿子扶着起来画梅花,准备题上诗寄给好友袁枚。可惜,诗未写完他就去世了。

元代有个自称"梅花屋主"的士人,名叫王冕。王冕一生过着隐居生活,好种梅、咏梅、画梅。

王冕不重梅花的妍,而重梅花的德。他喜画墨梅,以之自状,在其中一幅上题诗说:

> 我家洗砚池头树,朵朵花开淡墨痕。

---

① 林逋《山园小梅》。
② 童钰《画梅》。

不要人夸好颜色,只留清气满乾坤。①

君子爱梅,所以讲究赏梅。

古人外出赏梅,喜用一个"探"字,兴之所至,如寻访老友,所谓"忽邂逅时真得侣,向空濛处细飘芬"。②

宋人吴可写《探梅》诗,说:

柳未摇金草未芽,寻幽逸兴属诗家。
不辞山下五六里,为爱枝头三四花。③

李渔说,外出探梅需带工具。如果山游,见到好梅,可支起帐篷,中间置上炭炉,一边取暖温酒,一边对梅咏饮。

而如果游园,见到一片好的梅林,便可支起带顶的纸屏,挂"就花居"小匾,四面开窗,想赏哪边的花时,便开哪边的窗,如雅会群友一般。

而梅之佳者,不仅花要香、要妍,而且枝干要疏、要瘦。如果一株苍劲嶙峋的古梅枝上,点缀几朵凌寒欲放的花苞,再覆一层白白的薄雪,那才算冠绝。

---

① 王冕《墨梅》。(说明:本诗另有其他版本)
② 陈鉴之《探梅》。
③ 吴可《探梅》。

第四节　不迎合世俗——菊

天地间阴阳之转变，表现为时序，分春夏与秋冬，夏为至阳，万物繁盛；冬为至阴，万物归藏。

梅花是众芳的先锋，阳气初动，冬末春初，它便不惧坚冰厉雪，率先吐艳；而菊花是众芳的后卫，当秋风扫荡、寒霜肃杀之时，它却傲然以美丽的色彩、淡雅的芬芳，捍卫一个繁盛季节的最后尊严。

杜甫赞它：

寒花开已尽，菊蕊独盈枝。[1]

元稹云：

不是花中偏爱菊，此花开尽更无花。[2]

古人朴素地认为，菊花秋末凌霜绽放，有两层寓意：一寓喜庆，像农人一样张开笑脸庆贺丰收；二寓健康长寿，至晚岁依然精神焕发。

先秦时期的秋九月，有个古老的庆贺丰收的节日。后来，这个节日慢慢与菊花发生了关联，被赋予了健康长寿的意义，至汉

---

[1] 杜甫《云安九日郑十八携酒陪诸公宴》。
[2] 元稹《菊花》。

代时，演化成了九九重阳节。

斯当时也，草木零落，百花凋谢，唯有菊花盛开，人们摆起酒宴，对菊欢饮，既庆丰收，又贺老者健康长寿。

还有些上心人，听信当时医家的话，认为"菊花久服能轻身延年"，故喜饮菊花酒，为自己祈求健康。《西京杂记》记菊花酒的制作之法："菊花舒时，并采茎叶，杂黍米酿之，至来年九月九日始熟，就饮焉，故谓之菊花酒。"

因此，重阳节又被称为菊花节。

杜牧与朋友重阳节登山野游，写下诗句说："尘世难逢开口笑，菊花须插满头归。"①

孟浩然顺路去拜访居住在山村的朋友，酒宴席上，见远处山青，近处菊茂，欣然与朋友相约："待到重阳日，还来就菊花。"②

君子既爱菊花之美、菊花之用，更爱菊花之德。

菊花之德，首先表现为淡泊。

菊花在繁华季节，不与灌木蒿草竞荣，不与园卉野花争艳，不慕虚荣，不赶时髦，生于荒野则安于荒野，生于庭院则安于庭院，努力地舒枝展叶，愉悦地享受阳光雨露。即便被蓬蒿杂木隐掩，即便被轻薄的蜂蝶嘲笑，它亦不改其志，也无怨无恼。

其次，菊花之德表现为晚节弥坚。

南宋吴潜说它：

粲粲黄金裙，亭亭白玉肤。

---

① 杜牧《九日齐山登高》。
② 孟浩然《过故人庄》。

> 极知时好异,似与岁寒俱。
> 堕地良不忍,抱枝宁自枯。①

梅尧臣则从另一个角度咏它的晚节。

> 零落黄金蕊,虽枯不改香。②

女诗人朱淑真说:

> 宁可抱香枝上老,不随黄叶舞秋风。③

再次,菊之德还表现为志向远大,不屈于命运与时遇,在霜雪威逼之下,不仅不改其颜色,而且愈加精神抖擞。即便遭受到西风的摧残,它亦不改平生之志。

苏轼言菊花的刚傲,说:

> 荷尽已无擎雨盖,菊残犹有傲霜枝。④

古时最爱菊花的人,首推陶渊明。陶渊明以菊为友,甚至菊我两忘,常把自己当成一丛菊花。据史书载:陶渊明归隐后,有一年九月初九重阳日,宅边的菊花盛开,但因家贫无酒,他便去

---

① 吴潜《菊花》。
② 梅尧臣《残菊》。
③ 朱淑真《黄花》。
④ 苏轼《赠刘景文》。

菊花丛中静坐；坐了许久，忽然江州刺史王弘派人送酒来，陶渊明大喜，邀菊对饮，大醉而归。①

还有一次，重阳节那天，他坐在满园的秋菊中间，想喝酒但没有酒喝，便独自对着菊丛写了一首诗，其中有两句为：

> 往燕无遗影，来雁有余声。
> 酒能祛百虑，菊解制颓龄。②

隐者自古有多个层次，有名隐者，有身隐者，有心隐者。

名隐者，纯粹假借隐者之名逐求名利。身隐者，身在山林，心在尘网。心隐者，尊德性，道问学，"人不知而不愠"，③ 是隐者中真正的君子。

菊，是花中的心隐者。陶渊明"性不狎世"，以心隐者自况，诗云：

> 结庐在人境，而无车马喧。
> 问君何能尔？心远地自偏。
> 采菊东篱下，悠然见南山。
> 山气日夕佳，飞鸟相与还。
> 此中有真意，欲辨已忘言。④

---

① 《宋书·陶潜传》。原文：潜尝九月九日无酒，出宅边菊丛中坐久，值弘送酒至，即便就酌，醉而后归。
② 陶渊明《九日闲居》。
③ 《论语·学而篇第一》。
④ 陶渊明《饮酒二十首·其五》。

当然，菊花除了有淡泊、守节及孤高的形象，还有其另一面。

菊花是草本植物，在春夏繁盛季节，处低微之位；但它虽看上去淡泊，实际却不卑不亢，默默而努力地奋斗，以待天时。

菊的这种特质，固然有自强不息的君子之风，可也隐隐透出王霸之气——欲在肃杀的秋天，斗霜独放，为群芳之主。

宋人刘蒙谈到它的这种品性，说：

> 是菊虽以花为名，固与浮冶易坏之物不可同年而语也。且菊有异于物者，凡花皆以春盛，而实者以秋成，其根柢枝叶，无物不然。而菊独以秋花悦茂于风霜摇落之时，此其得时者异也。①

史上另一个著名的爱菊者，名字与菊花暗合，叫黄巢。黄巢出身盐商世家，粗通诗书，胸怀大志，他爱菊花的角度，完全不同于陶渊明。

相传黄巢少时，跟随父亲与爷爷参加雅集诗会。其间，以菊花为题作诗联句，轮到爷爷时，爷爷蹙眉搓手，久不能得。黄巢替爷爷着急，脱口而出："堪与百花为总首，自然天赐赭黄衣。"父亲嫌黄巢轻狂多嘴，要揍他，爷爷忙劝住，说："我这孙子能写诗，只是未知轻重，可以让他再赋一首。"

黄巢看着满院菊花，心中感慨，略一思考，吟出一首替菊花

---

① 刘蒙《刘氏菊谱》。

抱不平的诗,说:

> 飒飒西风满院栽,蕊寒香冷蝶难来。
> 他年我若为青帝,报与桃花一处开。①

黄巢长大后,有一年赴长安参加科举考试,不幸落第。他见朝堂间多龌龊小人,疑心科场有暗箱操作,心中不服,愤愤难平,遂借菊喻志,写诗一首:

> 待到秋来九月八,我花开后百花杀。
> 冲天香阵透长安,满城尽带黄金甲。②

数百年后,淮南有个名叫朱元璋的贫苦放牛娃,奉黄巢为榜样,从军反叛元廷。有一次,他看见掩隐在花草间默默无闻的菊,不胜感慨,对幕僚们说:"黄巢一介落第武子,后能创金甲百万之众攻陷唐都,称大齐皇帝,乃是一雄杰也。"遂学黄巢作诗咏志:

> 百花发时我不发,我若发时都吓杀。
> 要与西风战一场,遍身穿就黄金甲。③

中国人的爱菊之风,在中唐时期传入日本,日本皇室喜爱菊

---

① 黄巢《题菊花》。
② 黄巢《不第后赋菊》。
③ 朱元璋《咏菊》。

的洁美、长久，及王者之气，将之用于家族徽章。每逢九九重阳节，天皇依例设宴，邀公卿臣僚共赏金菊、共饮菊酒；到十月份，天皇则再设残菊宴，邀群臣为菊花饯行。

有意思的是，与中国民间习惯于以菊祝寿、以菊送君子不同，日本民间取菊花"枯不改香"之性，用菊花悼亡，意为逝者虽死骨亦香，且灵魂不灭。

大约十七世纪末，在日本经商的荷兰人把菊花引入欧洲，他们受日本民间那种变形习俗的影响，多将之栽植于墓地，视为寄托哀思的悼亡之花。自此阴差阳错，在中国象征吉祥、包含祝福的菊，在西方异域却散发出了别样的文化气息。

第五节 花中的贵族——兰

兰花或生长在远离世俗的溪边及林野，或生长在深山幽谷，以其芬芳圣洁，深受古人的喜爱。

兰是花中的贵族，在汉代之前，它主要有三个用途。

一用于敬神祭祀。屈原在《九歌》中咏道："蕙草包裹着祭品，兰叶为衬垫，献上桂酒，再献椒浆。"[①]

二用于沐浴。古人认为兰香能辟邪驱病，故在春季三月，常以兰汤沐浴。《宋书·礼志》引《韩诗》云："郑国之俗，三月上巳，之溱、洧两水之上，招魂续魄，秉兰草，祓不祥。"

三用于佩、执。兰香味怡人，士君子多喜欢佩戴，所谓"行清洁者佩芳"，而且《周礼》规定，上大夫参加祭祀，需执兰；

---

① 屈原《九歌·东皇太一》。原文：蕙肴蒸兮兰藉，奠桂酒兮椒浆。

《汉官仪》规定,"汉尚书郎每进朝时,怀香握兰"。

历史上喜爱兰花的人,首推孔夫子。

孔子喜欢以兰喻贤人君子。有一次,孔子预言自己死后,子夏会越来越进步,子贡会越来越退步。曾参问为什么,孔子以芝兰与鲍鱼作比喻,说:

> 子夏爱与比自己贤明的人交往,子贡喜与比不上自己的人相处。不了解他的儿子,就看看他的父亲;不了解他的为人,就看看他的朋友;不了解君主,就看看他任命的大臣;不了解土地,就看看地上生长的草木。所以说常与品行高尚的人交往,就像进入有香草的屋子,时间长了闻不到香味,那是因为自己身上也沾满了香气;与品行低劣的人交往,就像到了卖鲍鱼的地方,时间长了闻不到臭味,那是因为自己也满身臭味了。①

还有一次,孔子在陈、蔡之间受困,绝粮七日,却仍慷慨讲诵,弦歌不衰。子路心中烦闷,口有怨言。孔子开导子路,其中说了这样一句话:

---

① 《孔子家语·六本第十五》。原文:
孔子曰:"吾死之后,则商也日益,赐也日损。"
曾子曰:"何谓也?"
子曰:"商也好与贤己者处,赐也好说不若己者。不知其子视其父,不知其人视其友,不知其君视其所使,不知其地视其草木。故曰:与善人居,如入芝兰之室,久而不闻其香,即与之化矣。与不善人居,如入鲍鱼之肆,久而不闻其臭,亦与之化矣。"

芝兰生于深林，不因为无人欣赏而不散发芳香；君子修养身心、培养道德，不因为穷困而改变节操。①

孔子此话有两层含义。

第一层含义为，君子修道立德，不受外在生活的境遇影响，即便遭遇困顿，或受到世人冷落，也像兰花一样，慎独而芳。

第二层含义为，君子求学修身，是为了利己美己，非是为了炫耀，犹如兰花生在幽谷深林之中，有人欣赏见用，则给人间增芬；假如因命运不济，无人知、无人赏，也心中无怨，怡然而自芳。

换句话说，芬芳是兰花的生命之质，高贵是君子的内在生活需求。朱熹后来取孔子此意，咏涧中之兰说：

光风浮碧涧，兰枯日猗猗。
竟岁无人采，含薰只自知。②

然而，孔子毕竟生活在礼崩乐坏的乱世，他悲天悯人，渴望使用自己的智慧与能力，解人民之苦难，复周朝之秩序。因此，当他四处碰壁之时，虽能含薰自芳，却不能无憾无怨。

鲁哀公十一年，周游列国而不见用的孔子，疲惫地从卫国返回鲁国，在经过隐谷时，看见一株芗兰默默独茂，不禁怆然，遗憾地叹息说："夫兰，当为王者香，今乃独茂，与众草为伍，譬

---

① 《孔子家语·在厄第二十》。原文：芝兰生于深林，不以无人而不芳；君子修道立德，不为穷困而改节。

② 朱熹《兰涧》。

犹贤者不逢时,与鄙夫为伦也。"

他让弟子停下车,拿出琴来作歌而唱:

> 习习谷风,以阴以雨。
> 之子于归,远送于野。
> 何彼苍天,不得其所。
> 逍遥九州,无有定处。
> 世人暗蔽,不知贤者。
> 年纪逝迈,一身将老。①

史上爱兰的第二人,当推屈原。

屈原爱香草成癖,而兰是其中主要的一种。他自负地夸耀自己的才能与高洁,说:

> 纷吾既有此内美兮,又重之以修能。
> 扈江离与辟芷兮,纫秋兰以为佩。②

事实上,屈原本人就宛如一株错生于庙堂上的兰花,其志洁,其行廉,其言直,与当时楚国龌龊的政治环境格格不入。而且,他愈忠贞芬芳,小人邪臣们就愈加嫉妒讨厌他。

上官大夫与屈原同在朝列,嫉妒屈原的才能,总想邀宠超过他。有一次,楚怀王让屈原修订法令,屈原起草尚未定稿,上官

---

① 蔡邕《琴操·猗兰操》。
② 屈原《离骚》。大意:上天赋予我很多良好素质,我不断加强自己的修养。我把江离和芷草披在身上,把秋兰结成索挂于腰间。

大夫想强行更改，屈原不赞同，他便向怀王进谗说："大王叫屈原制订法令，其内容大家都知道，但现今每项法令发出，屈原却夸耀是他个人的功劳，说：'除了我，没有人能做到。'"怀王信了上官大夫的话，暗暗生气，从此疏远屈原，贬其为三闾大夫。

在流放期间，屈原反思说："我曾培植了大片春兰啊，又栽种了百多亩的蕙草。"① 原指望这些兰花蕙草能茁壮成长，"秋兰啊如此繁茂，它有碧绿的叶片和紫色的茎"。② 可事与愿违，还没等他收获这些美兰蕙草，为国家所用，它们却渐渐为杂草淹没，变成了一片"芜秽"。

屈原伤心之余，发誓不与众小人同流合污，他要坚持自己的初心，非开满兰花的路不走，非长有香木的山丘不息。他说："我骑马在兰草水边行走，跑上椒木小山暂且停留。"③ 并表明心迹说：

> 众小人都贪婪地往上爬啊，
> 已捞取了许多还钻营不止。
> 他们宽恕自己却猜疑别人，
> 一个个钩心斗角满心嫉妒。
> 对于争权逐利之事，
> 我虽然不屑一顾，
> 但眼见垂老将至啊，
> 我生怕美名不树。

---

① 屈原《离骚》。原文：余既滋兰之九畹兮，又树蕙之百亩。
② 屈原《九歌·少司命》。原文：秋兰兮青青，绿叶兮紫茎。
③ 屈原《离骚》。原文：步余马于兰皋兮，驰椒丘且焉止息。

早上我啜饮木兰之露,
晚上我采食秋菊充饥。
只要保持情操美好专一,
长忍饥渴憔悴又何必悲伤?①

　　后来,楚国这株孤独的兰草,因直言劝谏,再次触怒权贵,遭到谗毁,被楚顷襄王放逐到了更偏远的地方。

　　屈原眼见楚国破败,自己却无能为力,绝望之余,披头散发来到江滨,颜色憔悴,形容枯槁,一边在荒野草泽上行走,一边悲愤长吟。一位渔翁见了,问道:"您不是三闾大夫吗?为什么来到这里?"屈原说:"举世皆浊而我独清,众人皆醉而我独醒,故而遭到放逐。"

　　渔翁大约是个深受道家思想影响的人,说:"圣人不会过分固执,常随着世情的变化而不断调整自己。举世皆浊,何不随其流而扬其波?众人皆醉,何不跟从吃点残羹剩饭?何必为了保持美玉一样的品德,而使自己落个被流放的下场呢?"

　　屈原回答:"我听说过,刚洗过头的人,定要弹去帽上的灰尘;刚洗过身体的人,定要把衣上的尘土抖干净。有谁愿意以清白之身而受外界的玷污呢?我宁愿跳入滚滚长流的大江,葬身鱼腹之中,也不让自己的清白品德蒙受世俗的污染!"

---

① 屈原《离骚》。原文:众皆竞进以贪婪兮,凭不厌乎求索。羌内恕己以量人兮,各兴心而嫉妒。忽驰骛以追逐兮,非余心之所急。老冉冉其将至兮,恐修名之不立。朝饮木兰之坠露兮,夕餐秋菊之落英。苟余情其信姱以练要兮,长顑颔亦何伤?

没过多久，屈原写《怀沙》以明志，抱着石头，自投汨罗江而死。①

宋代有个叫释行海的僧人，站在佛家的立场上写兰花，叹屈原：

> 紫茎绿叶带春阴，千古湘江一寸心。
> 今日已无君子佩，不如潇洒在深林。②

自孔子、屈原之后，历代的士大夫都喜欢以兰自喻或明志。

南宋有个叫郑思肖的人，擅画兰花。宋亡之后，他拒绝与蒙元合作，自称孤臣，自号"所南"，日常坐卧，皆背北而向南，意为自己永属南宋人。他还给自己的画室取名"本穴世家"，暗意为"大宋世家"，以示自己不忘故国。

他画的墨兰与众不同，皆有花叶而无土，而且花叶萧疏。有人问他为何画兰不画土，他回答说："土为番人夺，忍着耶？"他给自己画的墨兰题诗说："向来俯首问羲皇，汝是何人到此方？未有画前开鼻孔，满天浮动古馨香。"落款写"丙午正月十五日作此壹卷"，而不肯书元朝年号。

郑思肖认为，兰花为君子花，只能配君子。所以有权贵或品行不端的人向他求画，他坚决不予。有一次，有位地方官员为求画而胁迫他，他大怒，放重话说："头可断，兰不可画！"

有意思的是，明代有个叫徐渭的画家，也认为兰花只能配贤人君子。他写诗说：

---

① 司马迁《史记·屈原贾生列传》。
② 释行海《兰》。

绿水唯应漾白苹，胭脂只念点朱唇。

自从画得湘兰后，更不闲题与俗人。①

第六节　出淤泥不染——莲

莲又称荷、芙蕖、水芙蓉等，是一种极普通的水生植物。有溪流、湖泊、池塘、水沟的地方，大多能看到它的身影。

莲是洁与美的象征。

它的根称藕，看起来清白似玉，吃起来甜脆爽口。白居易见人在厨房中削藕做拼盘，写下诗句："藕脆削琼英。"②

它的茎青翠挺拔，略带微刺，雅而不俗。

它的叶团且大，碧绿如盘，只盛清露不染尘。

它的花，清香四溢，硕大洁莹，或白得像雪，或红得似火，既美艳动人，又超凡脱俗。曹植赞它："览百卉之英茂，无斯华之独灵。"③

它的果实称莲蓬，其上有许多隐性的孔，里边育着一颗颗洁净的莲子；莲子味美，是上好的食材，亦可入药。古人写泛舟莲塘，戏水采莲蓬之趣，说：

江南可采莲，莲叶何田田。

---

① 徐渭《水墨兰花》。
② 白居易《江州赴忠州，至江陵已来，舟中示舍弟五十韵》。
③ 曹植《芙蓉赋》。

鱼戏莲叶间。

鱼戏莲叶东，鱼戏莲叶西，鱼戏莲叶南，鱼戏莲叶北。①

我国可赏莲的地方很多，最出名的地方当属杭州西湖。宋代诗人杨万里一首《晓出净慈寺送林子方》，唱绝了西湖的莲花。诗云：

毕竟西湖六月中，风光不与四时同。
接天莲叶无穷碧，映日荷花别样红。

济南素有"四面荷花三面柳，半城山色半城湖"之誉，其大明湖，是个赏莲的好地方。

据记载，北魏齐郡刺史郑悫常带幕僚们到大明湖赏莲，还发明了一种浪漫的饮酒方式，称为"碧筒饮"。

当他们在莲叶田田、莲花争艳的湖中玩到兴起时，便割下带茎的大莲叶，放在砚台格子上，盛美酒三升，用簪子刺穿叶心，使刺孔跟莲茎相通；再将莲茎弯成象鼻状，轮流从茎的末端吸酒喝。据说那酒"杂莲气，香冷胜于水"，清神爽口，别有一番滋味。②

北京赏莲的去处也很多，著名的多为原皇家园池，如圆明园、颐和园、北海等，这其中尤其值得一提的是清华园的近春园遗址莲塘。这处莲塘本不大，却因朱自清一篇《荷塘月色》成了

---

① 《江南》。
② 段成式《酉阳杂俎》。

全国最令人神往的赏莲去处之一。朱氏这样描写月光下的那片如梦如幻的池塘：

> 曲曲折折的荷塘上面，弥望的是田田的叶子。叶子出水很高，像亭亭的舞女的裙。层层的叶子中间，零星地点缀着些白花，有袅娜地开着的，有羞涩地打着朵儿的；正如一粒粒的明珠，又如碧天里的星星，又如刚出浴的美人。微风过处，送来缕缕清香，仿佛远处高楼上渺茫的歌声似的。这时候叶子与花也有一丝的颤动，像闪电般，霎时传过荷塘的那边去了。叶子本是肩并肩密密地挨着，这便宛然有了一道凝碧的波痕。叶子底下是脉脉的流水，遮住了，不能见一些颜色；而叶子却更见风致了。

莲是佛家的圣花，佛经把佛国称为"莲界"，传闻释迦牟尼出生时，即能走七步，且步步莲花生。而且释迦牟尼说法，坐的是莲花台；观世音菩萨惯常的形象，更是身穿白衣，坐在白莲之上，一手持净瓶，一手执莲花。

佛家认为，世间充满了尘垢，这些尘垢污染了人的心灵，让人在红尘中迷失，找不到脱离苦难的路径。人要想自我拯救，唯有学习莲花，出淤泥而不染，以保持灵魂的净洁，最终到达西方的佛国净土。

儒者视莲花为君子花。宋代理学家周敦颐的一篇《爱莲说》响彻千古，他说：

> 水陆草木之花，可爱者甚蕃。晋陶渊明独爱菊。自李唐

来，世人甚爱牡丹。予独爱莲之出淤泥而不染，濯清涟而不妖，中通外直，不蔓不枝，香远益清，亭亭净植，可远观而不可亵玩焉。

予谓菊，花之隐逸者也；牡丹，花之富贵者也；莲，花之君子者也。噫！菊之爱，陶后鲜有闻。莲之爱，同予者何人？牡丹之爱，宜乎众矣。

孟子曾评论古代的四个圣人，说："伯夷，圣之清者也；伊尹，圣之任者也；柳下惠，圣之和者也；孔子，圣之时者也。"①

孔子为圣之集大成者，姑且不论；而伯夷、伊尹与柳下惠，则各有所偏。

伯夷这个人特别清高，眼睛不看丑陋的事物，耳朵不听邪恶的声音；不是他理想的君主，他不去侍奉；不是中意的朋友，他不去结交。他不在恶人的朝廷里做官，不同奸邪的人交谈。如果同一个粗鄙的乡下人站在一起，那人帽子戴得不正，他就会生气并离开，像是怕受到玷污似的。天下太平，他才会出来做官；天下混乱，他就隐退不出。

伯夷这样的圣贤如隐逸且坚贞的菊花，虽清高过头，有些狭隘，但听说过他风范的人，贪婪者会变得廉洁，懦弱者会变得坚毅。

伊尹以天下为己任，志于推行尧舜之道。他这样的人，天下太平要做官，天下不太平也要做官。他说："上天生育民众，让

---

① 《孟子·万章下》。大意：伯夷，是圣人中的清高者；伊尹，是圣人中的尽责者；柳下惠，是圣人中的随和者；孔子，是圣人中的识时务者。

先知的人，去开导后知的人；让先觉的人，去开导后觉的人。我是一个先觉者，我必须以我先知、先觉的尧舜之道，去开导其他蒙昧者；我如果不去做这件事，还要等着谁去做？"对他而言，只要有一个匹夫匹妇未受到尧舜之道的恩泽，他都很难受，就如同是自己失责，把人家遗弃在了山沟里。

伊尹就像专为王者香的兰花，得志则以尧舜之道恩泽天下，失志则如屈原殉节，或自芳于幽谷，如孔子一样转而立德、立言。而实际上伊尹远比孔子、屈原幸运，他遇上了志同道合的圣王商汤。

柳下惠不以侍奉坏君主为耻辱，也不因官小而不做。他在朝做官，不掩饰自己的贤能，坚持按原则办事；但遭到遗弃不怨恨，穷困也不忧愁。他与没有教养的俗人相处，照样很自在，说："你是你，我是我，你即便赤身裸体在我旁边，对我又有什么玷污？"

柳下惠这样的人，就像莲花，知道现实并不理想，污秽避无可避，但仍不退缩，以积极作为的态度，去实现自己的价值。他审时度势，不试图去改变外部的环境，而是在尽量适应外部环境的同时，保持自己的本色，出淤泥而不染。

虽说柳下惠这样的圣贤，好像有些玩世不恭，但听说过他风范的人，心胸狭窄者会变得宽阔，为人刻薄者会变得厚道。①

一般的公务人员，想学菊一样的伯夷，难；想学兰一样的屈原，也难；而学莲花一样的柳下惠，则相对比较合适。

但是志于学莲，却并不容易。人在红尘中，各种诱惑无处不

---

① 《孟子·公孙丑上》《孟子·万章下》。

在。唯有努力修养身心，时刻戒惧谨慎，才能保证不被复杂的外部环境污染。因此，莲虽看起来洁净美好，闻起来清香馥郁，用起来有功于世，但其成长过程却相当艰辛，不是谁随随便便想学就能学得来的。

当然，莲的命运也不尽相同。有的莲运气好，生在湖塘碧水间，虽不免沾些污泥，但水净风清，比较容易保持自己的初心。

还有些莲命运要差些，它们不仅为污泥所累，而且遇上的水也脏浊，遇上的风也多污尘。白居易曾见过这样倒霉的莲花，他写诗感慨道：

> 污沟贮浊水，水上叶田田。
> 我来一长叹，知是东溪莲。
> 下有青污泥，馨香无复全。
> 上有红尘扑，颜色不得鲜。
> 物性犹如此，人事亦宜然。
> 托根非其所，不如遭弃捐。
> 昔在溪中日，花叶媚清涟。
> 今年不得地，憔悴府门前。①

自周敦颐之后，让青莲一样的君子为官，或让为官者成为青莲一样的君子，便慢慢成为了一种社会理想。

据说，周敦颐的后人周致成考取一品文官，衣锦还乡之时，族中长辈为激励他，在其府第中建"爱莲堂"，并专门在门楼石

---

① 白居易《京兆府栽莲》。

雕上，画了一枝从清澈池水中长出的青莲，象征"一品清廉"，告诫他即使官至一品，也必须保持清廉不染。

此雕画的妙处在于：莲，出污泥而不染，代表清正高洁；廉，洁不苟取，代表为人正品。两个字既谐音，又同义，联系在一起贴切而富有深刻的寓意。

从此之后，常有一些有心人，专请丹青手画几茎清水莲花送从政者励志，称"清廉（莲）图"。而且最迟从元代起，连景德镇的瓷器上，也多了这样的主题。

第七节　温润自好——玉

君子，是人群中的精英；玉，是石头中的精华。

古人说：美石为玉。但其实，并非所有的美石都是玉。石之"美"，分为外表之美与内在之美。

外表璀璨光鲜的石头，如果不具备内在美的品质，不能称为玉，只能称为珉。玉，不仅具有美的外表，还有内在美的品质。

培根说："应该把美的形貌与美的德行结合起来。这样，美才会放射出灿烂的光辉。"[①] 玉之美，正在于其美的形貌与品德之结合。

有一次，子贡问孔子说："敢问君子以玉为贵而以珉为贱，是什么原因？难道是因为玉比较稀少，而珉比较多吗？"

孔子回答说不是这样，君子不会因为玉稀少就认为它珍贵，

[①]〔英〕弗兰西斯·培根《培根人生论》，何新译，湖南文艺出版社，2012年7月第1版，第147页。

也不会因为珉多而轻贱它。君子轻珉，是因为珉虽外表美丽，而内质不过是普通的顽石；玉则不同，玉既外美，而且内有德。孔子以玉比德于君子，说：

> 温润而有光泽，像仁；细密而又坚实，像智；有棱角而不伤人，像义；悬垂就下坠，像礼；叩敲它，声音清脆而悠长，最后戛然而止，像乐；玉上的瑕疵掩盖不住它的美好，玉的美好也掩盖不了它的瑕疵，像忠；玉色晶莹而光彩四溢，像信；玉的光气如白色长虹，像天；玉的精气出于山川，像地；朝聘时用玉制的珪璋直接通达情意，像德；天下人莫不珍视它，像尊重道。《诗经》说："谈起念起那位君子，他的性情温润如玉。"所以君子以玉为贵。①

事实上，君子贵玉，除此之外还要从三个方面向玉学习。

首先，学习玉，要有自修精神。

玉，采天地之精华，在寂寞中自成美质，随天命而安，或璀璨于河川，或隐迹于山岩，慎独而自重，人不知而不愠。

其次，学习玉，要有自强用世的精神。

---

① 《孔子家语·问玉第三十六》。原文：
子贡问于孔子曰："敢问君子贵玉而贱珉？何也？为玉之寡而珉之多欤？"
孔子曰："非为玉之寡故贵之，珉之多故贱之。夫昔者君子比德于玉：温润而泽，仁也；缜密以栗，智也；廉而不刿，义也；垂之如坠，礼也；叩之，其声清越而长，其终则诎然，乐也；瑕不掩瑜，瑜不掩瑕，忠也；孚尹旁达，信也；气如白虹，天也；精神见于山川，地也；珪璋特达，德也；天下莫不贵者，道也。《诗》云：'言念君子，温其如玉。'故君子贵之也。"

玉，遮蔽包裹在普通的石料中，称为璞。璞外表看上去与普通的石头无异，只有经过艰苦细致的切、磋、琢、磨等工序，才能渐渐显露出其晶莹高贵的品质。

　　历史上最著名的璞，当属和氏璞。

　　据韩非子说，楚人卞和在楚山中得到一块璞，认为是稀世珍宝，忙进献给楚厉王。厉王叫玉工鉴定，玉工说："这不过是块石头。"厉王认为受了卞和的欺骗，发怒并叫人砍断了他的左脚。

　　后来厉王去世，楚武王即位，卞和氏又捧着他的璞献给武王。武王叫玉工鉴定，玉工还是说："这只是块石头。"武王认定卞和是个妄人，又下令砍断了他的右脚。

　　武王死后，楚文王即位。卞和抱着璞在楚山下大哭，哭了三天三夜，眼泪都流完了，接着又流出血来。文王听到后，派人询问他哭的原因，对他说："天下受刖刑的人很多，你为何哭得如此悲痛？"卞和说："我不是悲痛于受刖刑，我悲痛于宝玉被说成石头，忠贞之士被说成骗子啊。"

　　楚文王好奇，让人刨开卞氏璞，得到一块超级珍贵的宝玉，称"和氏之璧"。[①] 后来，这和氏璧成为楚国的国宝，闻名于世，而且因它惹出了不少争端。

---

　　① 《韩非子·和氏》。原文：
　　楚人和氏得玉璞楚山中，奉而献之厉王。厉王使玉人相之。玉人曰："石也。"王以和为诳，而刖其左足。及厉王薨，武王即位，和又奉其璞而献之武王。武王使玉人相之。又曰："石也。"王又以和为诳，而刖其右足。武王薨，文王即位。和乃抱其璞而哭于楚山之下，三日三夜，泪尽而继之以血。王闻之，使人问其故，曰："天下之刖者多矣，子奚哭之悲也？"和曰："吾非悲刖也，悲夫宝玉而题之以石，贞士而名之以诳，此吾所以悲也。"王乃使玉人理其璞而得宝焉，遂命曰"和氏之璧"。

君子学习玉,不仅要自修己德,而且还要积极努力学习,接受切、磋、琢、磨,发明己德,增益各种才能,以抓住合适的机会有用于世,建功立业。《三字经》云:"玉不琢,不成器;人不学,不知义。"

孔子说:"君子不器。"其意旨并非反对君子成器,而是说君子应以成德为首要追求,以成器为次要追求。

其三,学习玉,还要学习其威仪与性情。

从道理上讲,虽说玉的内德之美重于其外在之美,但这并非意味着玉的外在之美毫不重要。

个人的威仪,不仅是获得他人尊重的重要条件,而且也是自我尊重的重要前提。一个毫不在意个人威仪的人,通常对自己并不尊重;而对自己不尊重的人,根本不可能获得他人的敬重。

玉,是具有威仪的。它有硬度、有原则,虽光彩美丽,但美得庄重,美得敬慎,美得不可狎亵。

同时,玉的性情又温且润。温润意味着中庸而不极端,其中:温,代表像阳光一样,和煦明媚,能给人以温暖,能让人亲近;润,代表像水一样,能在无声无息间感染人、泽润人、帮助人,济人于困。

在金庸的小说《书剑恩仇录》中,乾隆皇帝送给陈家洛一块佩玉,其上刻有四句细篆铭文,说:"情深不寿,强极则辱;谦谦君子,温润如玉。"

玉的外在威仪与其温润的性情,看似矛盾,其实却于对立中达成了有机的统一,缺一必偏。

子夏说:"君子给人的印象有三种变化:远望感觉很庄重,

接近却温润可亲，听他说话又觉得义正辞严。"① 玉，何尝不是这样？远望肃穆，即之温润，打起交道来厚实有则。

君子爱玉，视玉为良师益友，故必佩于身，敬之亲之，朝夕相处。《礼记·玉藻》云："君子无故，玉不去身。"

细说起来，佩玉对于君子有五大作用。

一则，可饰美君子的形象，增益其威仪。《诗经》云："有匪君子，充耳琇莹，会弁如星。"②

二则，走起路来铿锵悦耳，可提醒君子注意站坐行走的规节，以益其风度，避免失仪失礼。《诗经》云："君子至止，黻衣绣裳。佩玉将将，寿考不忘。"③

三则，可提醒君子不要懈怠，要时刻注意学习，把学习当成一种生活方式，以自修德行，自益才干。《诗经》云："有匪君子，如切如磋，如琢如磨。"④

四则，可提醒君子处世做事，要以忠信为本，尽力放出自己的光彩，且晶莹而不欺人、不自欺。

五则，可提醒君子要以玉为榜样养德，即做人要像玉一样温润而有智慧，要像玉一样有原则但不伤人，要像玉一样高贵而谦逊。

---

① 《论语·子张篇第十九》。原文：子夏曰："君子有三变：望之俨然，即之也温，听其言也厉。"

② 《诗经·卫风·淇奥》。大意：文采风流的君子，充耳垂宝石光润晶莹，帽上的美玉如天上的明星一般。

③ 《诗经·秦风·终南》。大意：今日君子到这里，青黑花纹五彩裳。身上佩玉锵锵响，天朝恩情永勿忘。

④ 《诗经·卫风·淇奥》。大意：文采风流的君子，好似象牙经过切磋，好似美玉经过琢磨。

曹雪芹大概是个爱玉成癖的人，他的一部《红楼梦》，即是以玉为主线而演绎出的故事。

他在故事的开篇，描写女娲娘娘炼石补天之时，于大荒山无稽崖炼成高经十二丈、方经二十四丈的顽石三万六千五百零一块。后单剩一块，弃在了青埂峰下。这块顽石，吸天地之精，纳日月之华，而修成为一块美玉。

这块美玉通灵，幻化成两形，一为人，即贾府大观园中的二公子贾宝玉；二为本身变体，即贾宝玉佩戴的"通灵宝玉"——大如雀卵，灿若明霞，莹润如酥，正面刻"莫失莫忘，仙寿恒昌"，背面刻"一除邪祟，二疗冤疾，三知祸福"。

这块人玉合体的通灵宝玉，来到人间，遇到了林黛玉、妙玉等一群冰清玉洁的女君子。这群洁玉一样美好的人儿，在并不洁净的世间——亦梦亦幻的昌明隆盛之邦、诗礼簪缨之族、花柳繁华之地、温柔富贵之乡——演出了一幕幕感人肺腑、催人泪下的悲情故事。

不过，《红楼梦》虽然悲情，却隐含着曹雪芹对美玉的礼赞。

在曹雪芹看来，人向美玉学习，其最高的境界，即人与玉合一。美玉是石头中的君子，君子是人群中的美玉。